パーパス戦略のための出版マーケティング

# パブリッシング ブランディング

著：Publishing Branding Inc.
編著：出版ブランディング・プロデューサー
潮凪洋介

# はじめに

## パーパス戦略のための出版起点ブランディング

　**「書籍を出版したら、その効果で数億〜十億円の新規取引が数件獲得できた」**

　**「転職者や新卒が多く集まった」**

これは弊社クライアント企業から聞かれる言葉の代表例です。企業規模は、年商1億円前後のスタートアップ企業から、年商1兆円超えの大手上場企業まで様々。

　皆様「本で会社を強くする戦略」に踏み出した方々です。

　今、多くの経営者やキーマンの間で、「経営者は本を出した方がいい」「企業として書店で買える商業出版をすべき」という言葉がささやかれています。

　ですが、それが企業経営にとってどのような効果があるのか？いかに継続的に中長期的な戦略を描き、実装するのか？その具体的内容は、これまで体系化されてきませんでした。

　本書では、その戦略と手法の基本をわかりやすくお伝えしています。

　本書は、次のような経営者やキーマンの方に読んでいただきたい本です。

- **▶マーケティングには精通しているが、パーパスがもっと深く刺さるブランディングを行いたい。**
- **▶自社のあり方や存在意義を、感情レベルで広く社会に浸透させたい。**
- **▶パーパスやビジョンをもう一度見つめ直し、自社をリブランディングしたい。**
- **▶書籍を出版することで、BtoBの新規取引につなげたい。**

▶**社員募集やインターナルブランディングに役立てたい。**

▶**実費出版ではなく商業出版として300〜800店舗以上の書店販売、EC販売を実現したい。**

▶**出版しただけで終わってしまった。尻切れでもったいないと感じている。**

本書のテーマである「Publishing Branding」(以下、出版起点ブランディング)は、主に商業出版を起点として、さまざまなブランディング施策を実施し、企業の持つパーパスやビジョン、ベネフィット、役立つセオリーを世の中に広め、売上拡大、人材獲得、ブランドの強化を実現する手法のことを言います。

具体的には、**まずは書籍を出版し、書籍に書かれた内容を軸に、各種メディアへの露出、社内報や社外への発信、SNS発信、オウンドメディア発信、講演活動、イベント開催、展示会への出展、経営理念ブック、ブランドブックなどに展開。これにより企業をブランディング、リブランディングして行きます。**

**書籍を出すだけで終わるのではなく、出版を起点として、本に刻まれたDNAが細胞分裂して増殖するように、一気通貫したコンセプトや表現で世の中に浸透させてゆきます。**

書籍は、今や使い古されたオールドメディアだと思われがちです。

しかし実は、書籍が持つビジネスへの実効性はこのデジタル時代でも全く失われてはいません。

むしろデジタル化によるフロー情報過多のなか、磨かれた情報ストックとしての書籍の価値は増大しているようにも思われます。

それではさっそくここから、顧客と深く繋がるシン・マーケティング手法「出版起点ブランディング」について、詳しく解説していきましょう。

## Publishing Branding（出版起点ブランディング）の考え方

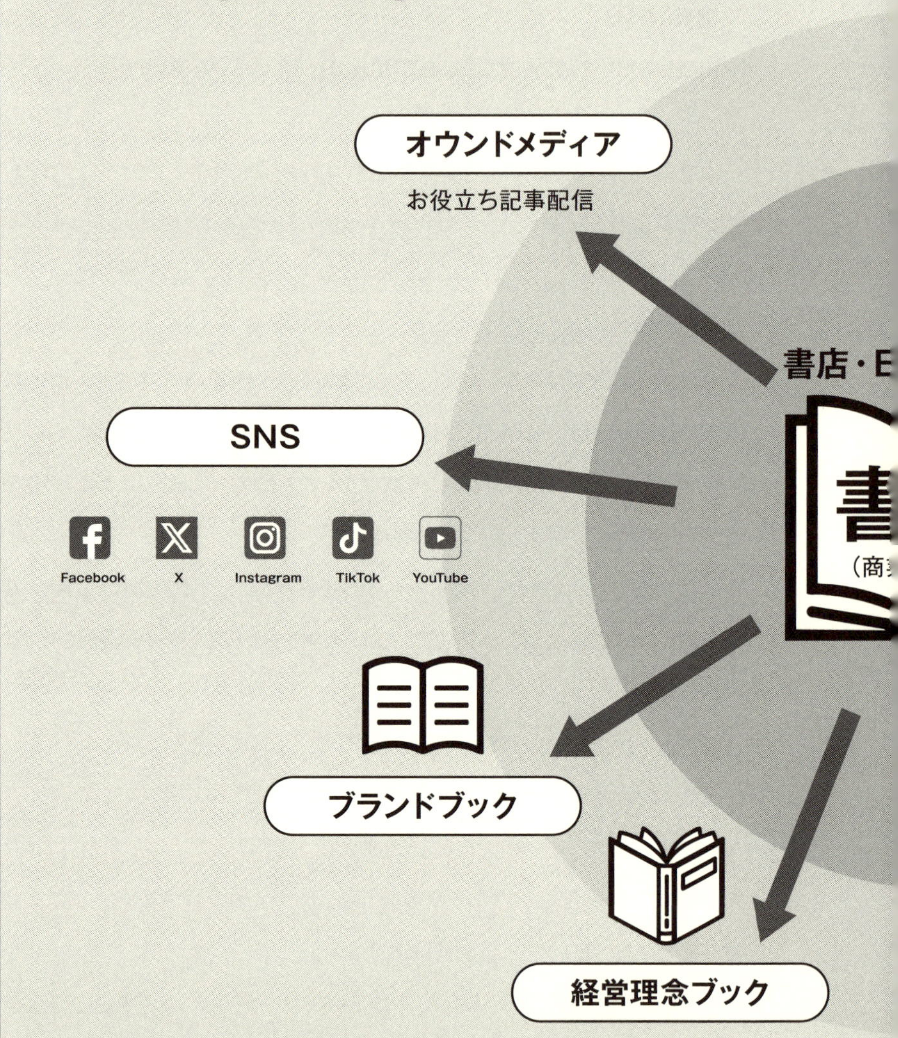

オウンドメディア

お役立ち記事配信

書店・E

SNS

書

（商

Facebook X Instagram TikTok YouTube

ブランドブック

経営理念ブック

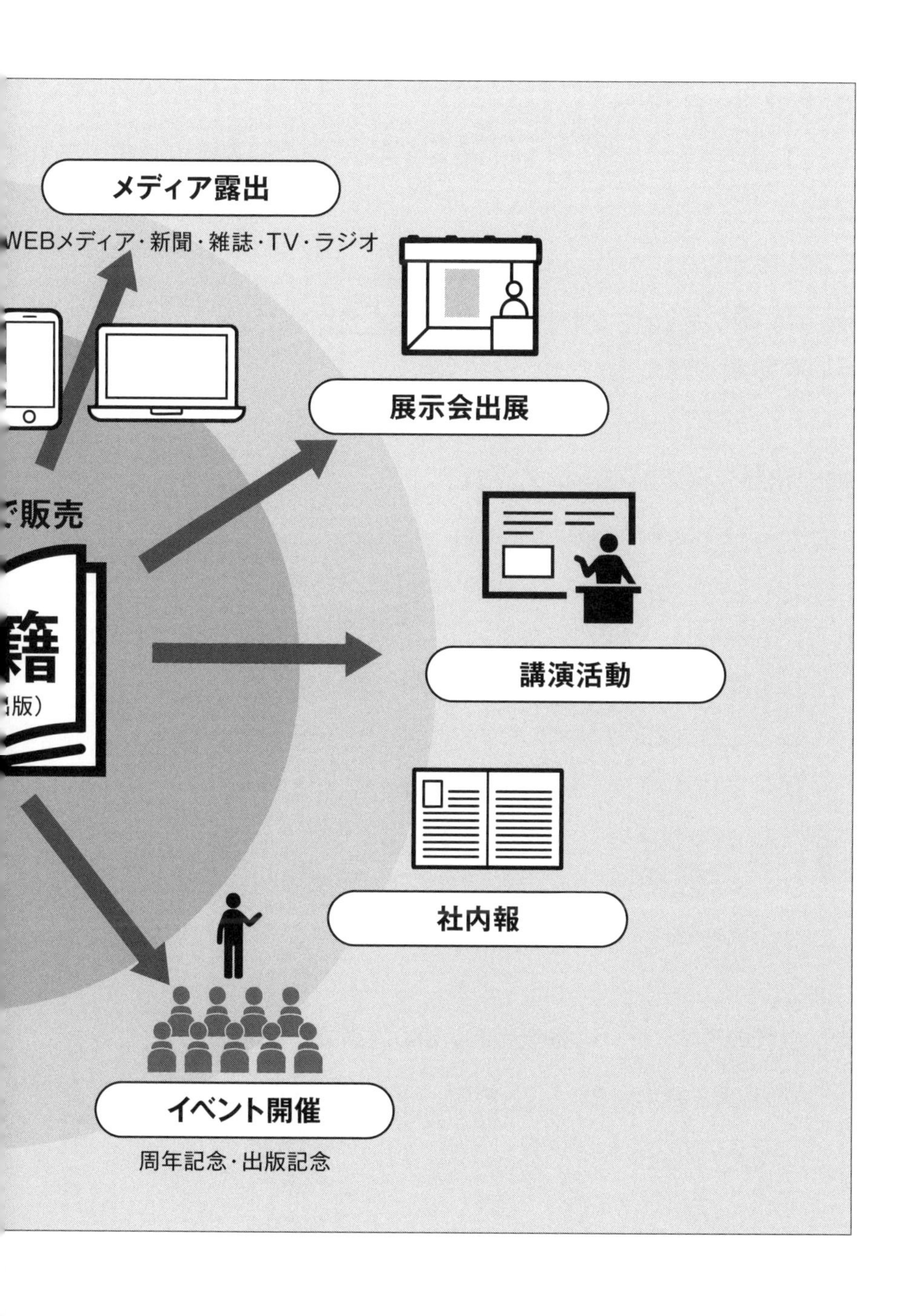
メディア露出
WEBメディア・新聞・雑誌・TV・ラジオ
展示会出展
で販売
籍
版）
講演活動
社内報
イベント開催
周年記念・出版記念

# contents

## 【5章】 出版を打ち上げ花火で終わらせないために



## 【6章】 書籍出版が"パーパスとブランド"を強くする

～自社が存在する理由は何なのか？～

## 【7章】 書籍×オウンドメディア運営による“共創型経営”のコツ



## 【8章】 自社の存在意義を世の中に伝えよう



編集協力：嶋 康晃

序章

# デジタル時代こそ「質量メディア＝書籍」を使いこなす

顧客と深く繋がるシン・マーケティング手法

## なぜ企業メッセージが伝わらないのか？

昨今、企業のマーケティングを担当している人から、「これまでのように広告が効かない」「動画でバズったが売上につながらない」「自社をどうアピールすれば良いのかわからない」といった声をよく耳にします。

ご存じのとおり、今、世の中には情報が溢れ、誰もが情報洪水の中で生きています。

**企業が発するメッセージが生活者に届かない、あるいは届いても忘れられてしまう。その主な理由は、この情報過多にあると言われます。**

顧客は毎日無数のメッセージにさらされ、一つのメッセージに集中する時間がきわめて限られ、記憶に留めおくことが難しくなっています。とくに、ソーシャルメディアでは、**情報が瞬時に更新されるため、一つのメッセージが長時間注目を集めることは稀です。**

また情報の質の変化もあります。**かつては専門性の高い、質の高い情報が重宝されていましたが、今は短く、刺激的な内容が好まれます。そのため、企業が深く考え抜いたメッセージが、かえって見過ごされてしまうこともあるようです。**

## 「より深い理解と共感を生み出すコミュニケーション」が必要になった

情報洪水の影響で顧客が自ら情報を選択し、意味のある情報だけを取り入れるようになったことで、一方向的なマスメディアコミュニケーションでは、多様化した個々の興味やニーズへの対応が難しくなっています。結果的に、顧客との双方向的な関係づくりが叫ばれていますが、これからはインタラクティブな関係づくりにおいて、さらに「**より深い理解と共感を生み出すコミュニケーション**」**が必要になると考えられます。**

**そして、その中心にある手法の1つが「書籍出版」と言えるのです。**

企業は単に情報を発信するだけではなく、その情報がどう受け取られ、どのように生活者の心に響くかを深く理解し、戦略的にアプローチする必要があります。

企業のメッセージを顧客に届けるには、これまでのやり方を見直し、より創造的で、感情に訴える、戦略的なコミュニケーション展開が必要になると考えます。

## 成熟するパーパス経営思考—会社の存在意義は何なのか？

ビジネスシーンにおいて「パーパス」という言葉が定着しています。

パーパスはもともと「目的」という意味ですが、「企業の社会的な存在意義」として使われています。

**「あなたの企業は、なぜこの社会に存在しているのですか？」**

**「何を目指して事業を行っているのですか？」**

パーパスの時代、すべての企業にこの問いが突きつけられています。

これから生き残ることができるのは、社会の変化に敏感で、自社の理念や価値観を明確に伝え、共感を生み出すことのできる企業と言われています。

**単に商品やサービスを売るだけでなく、大きな社会的使命を果たすべく顧客や社会に積極的にコミットする企業です。**

顧客は今、商品やサービスの品質や価格だけでなく、その企業が持つ社会的価値や理念に厳しい視線を注ぎ始めています。

今、企業には、自社のパーパスを明確にし、生活者の共感を得るための積極的なコミュニケーションが求められており、パーパスが明確で、それが社会に受け入れられる企業が顧客や社会から愛され、長期的な信頼関係を築くことができているのです。

ところが、多くの企業がパーパスを掲げているにも関わらず、それが生活者や社内に伝えられずに苦悩してしている現実があります。

## 書籍によるブランディングがもたらすインパクト

ここまで、パーパス時代における企業の存在価値の再確認と再定義がいかに重要かについてお話ししてきました。

企業は自らの存在価値を明確にし、それを伝え、社会に受け入れられてはじめて、持続可能な成長を達成することができる社会傾向についても触れました。

そして、そのための最適な手段の1つが「書籍による企業メッセージの発信」であると考えられます。

**書籍は「質量を伴う物体」であり、かつ、インターネット上の無限増殖情報とは異なり、有限なコンテンツです。だからこそ、読者は書籍に凝縮された知識や情報を「なんとか自分のものにしたい」と学習欲を抱くのです。この質量を伴う有限物体であることが、書籍の最大の価値といえるのです。**

読者は、何百というページに盛り込まれた情報や著者の熱量に特別な感情と興味を抱き、読み終えたときには、多くの知識が自分の脳にインプットされた余韻と満足感を噛みしめます。

こうして、1冊のなかに込められた著者のメッセージは、書籍という“物体的手触り”とともに読者の心に染み込んでいくのです。

ここからは、書籍を出版することがなぜ企業のブランディングに有効なのか？その理由を因数分解してみたいと思います。

### ▶①企業のコンセプトやアイデンティティ確立の契機になる

出版起点ブランディングとしての書籍は、まず制作プロセスそのものに大きな意味があります。それは、その企業でしか持ち得ない独自のコンセプトやアイデンティティ、ブランドのバリューを再確認し、企業パーパスの一部として確立する絶好の機会になるからです。

### ▶②読者とのエンゲージメントを促進できる

書籍は、それを手にした読者とのエンゲージメントを深める重要なツールとなります。**手にした書籍は“自らの意思で選んだ教本”だからです。自由意志で手にした書籍だからこそ、読者はその著者（＝企業、もしくはブランド）が何を伝えようとしているか理解しようと試みます。商業出版には著者と読者の間に対話を生み、相互の関係が構築される必然の仕組みが存在するのです。**

読者はブランドのメッセージや価値観を理解し、共感することで、ブランドとのつながりを感じます。そして、新たなファンとして企業ブランディングの先鋒になってもらえることが期待できます。

### ▶③専門知識や情報の提供を通して信頼が得られる

ビジネス書・実用書は、特定の分野やテーマに関する専門知識や情報を提供する媒体です。それゆえ、**商業出版されるに足る「独自の手法を持つ企業体」であることの証明となります。書籍の出版は、そのブランドにしか持ち得ない価値や世界観を読者に提供することで、ブランドの信頼性や専門性を高める役割を果たします。**

### ▶④ブランドの影響力を固定し拡大する

「絶対的な質量を持つ存在」としての書籍を出版することが、そのブランドの持つ価値や存在意義を広くアピールし、定着させることにつながります。**インターネット上で簡単にアップデイトできる即時的な情報ではなく、"書籍として据え置かれる普遍のセオリー"によりブランドの影響力が拡大し、ファンの獲得にも貢献します。**

### ▶⑤従業員への好影響が期待できる

**書籍という物体に自社のあらゆる情報や姿勢を盛り込むことは、従業員をはじめとしたステークホルダーへの企業理解に直結します。**とくに従業員は企業やブランドの最も重要なステークホルダーの一翼を担っており、彼らのモチベーション、帰属意識、そして企業文化に対する理解が、企業の成長の重要なファクターとなることは言うまでもありません。

## 書籍がインナーブランデッドメディアになり得る理由

パーパス経営の時代には、社内の従業員へ向けた「インナーブランディング」も必要不可欠なブランディング活動です。

その目的は、企業のパーパスや理念、価値を社内に浸透させ、従業員のエンゲージメントや生産性を高めることです。

そして、書籍はきわめて有効な「インナーブランデッドメディア（Inner Branded Media）」にもなり得るのです。

インナーブランデッドメディアとしての書籍は、前項でも言及したように**従業員や組織環境に好影響を与え、"自分の会社"へと向かうプラス感情を強化します。**

その効果には次のようなものがあります。

### ▶①自社ブランドへの理解を促進する

書籍を通して**従業員はブランドの価値を再確認します。それは、企業のミッション、ビジョン、バリューなど、自分たちが進むべき方向を示してくれる羅針盤になるから**です。

### ▶②従業員のエンゲージメントが高まる

書籍は従業員のエンゲージメントを高める重要なツールです。**従業員が自分もブランドの一部だと感じ、企業の目標や価値観に共感して"自分ごと化"することで、仕事へのコミットメント力が高まります。**

### ▶③好ましい企業文化が醸成される

企業文化の形成と強化のためにも書籍は有効です。従業員がブランドのメッセージや価値観を体現し、共有することで、**組織全体で一貫性のある文化を醸成することができます。**

### ▶④従業員の誇りとモチベーションが向上する

従業員に対する誇りとモチベーションを高める効果があります。**従業員が自分の所属する企業やブランドに愛着と誇りを持ち、その成長に貢献できると感じることで、彼らのモチベーションが向上します。**これは離職率を低下させることにもつながります。

### ▶⑤社内の情報共有と相互理解が進む

従業員間や組織内で情報を共有し、相互理解を促進するプラットフォームとして機能します。従業員がブランドに関する情報を共有し、意見を交換することで、組織全体での協力と連帯感が生まれます。

このように、「インナーブランデッドメディアとしての書籍」は企業の従業員に対して強い影響を与え、彼らのモチベーションやエンゲージメントを高めて、業績を含め組織全体のパフォーマンスの向上につながる可能性があります。

**事実、世の中の多くの先進的な企業では、自社の大切にしている理念やあり方について書籍を通して内外に情報発信することに意欲的です。**

企業理念が企業全体に浸透し、従業員一人ひとりの行動と結びつくことで、企業価値は向上してゆきます。

企業理念やミッション、ビジョン、バリュー、あるいはパーパスがしっかりと定まり、かつそれが全社的に共有できている企業であることが、企業が社会に受け入れられる条件とも言われますが、それが故に、企業の理念や存在意義を言語化して継続発信していくことがとても重要と言えます。

売上増加、リクルーティング、インナーブランディング、そのすべての起点として書籍をつくり世に出す。出版後は、数年にわたり社内外に継続的なメッセージ発信を行うためのベースコンテンツとして活用し続ける―

本著のPublishing Branding（出版起点ブランディング）の手法により、御社の発展に寄与できればこれに勝る喜びはありません。

# 1章

# 「出版起点ブランディング」とは?

## 1冊の出版で20億円の取引成立も

さて唐突ですが、序章を読んで、こんなふうに思いませんでしたか？

「テレビCMや新聞広告ならともかく、書籍が世の中に出回っても大きなインパクトはないのでは？」と。

ビジネス実用書の初版部数は3000部から多くても7000部ほどと、決して多くはありません。もちろん増刷がかかれば、発行部数は増えますが、増刷される確率は10パーセント台と言われております。

ですが、自社の課題解決に役立ちそうだと考えた読者が、書籍を参考にして課題を解決し、著者の企業にさらなる依頼（BtoB取引）をもちかけてくることがあります。

**その数が数件、数十件だとしても、著者企業に大きな売上が発生するケースが多々あるのです。**

あるいは、過去の取引先に書籍を配布したことでエンゲージが高まり、再取引に発展したケースもあります。新入社員が書籍を持って新規営業開拓に赴いたところ、書籍の内容に興味を持った企業から契約を頂けたりと、書籍の力によって「顧客からの信頼を勝ち得るケース」が多くみられます。

### はじまりは「たった1冊の書籍」

**驚くべきは、1冊の商業書籍出版（正規の出版）を通じて数億円、数十億円の新規売上を獲得する企業が存在するということです。ある不動産仲介会社は、書**

**籍をきっかけに販売価格5〜10億円の不動産物件の商談が8件ほど発生しました。**不動産物件の仲介手数料は6%ほどですが、もしも10億の物件を仲介すれば1件で6000万円の粗利益になります。3件決成約すれば、1億8000万円の粗利益ということになります。

大手コンサルティング系の企業は、書籍出版をきっかけに20〜30億円の売上を獲得しました。

また、スイーツの製造販売をおこなう年商20億円ほどの某食品メーカーは、書籍を通じて、結果的に1億5000万円の新規BtoB取引を獲得しました。

フランチャイズ事業を行っている会社は、フランチャイジー(加盟店)が1・5倍に増えたという例もあります。書籍の信頼性によって読者が、フランチャイズに加盟したということが言えます。

## 高額な商品、サービスほどリターンが大きい

ここで特徴としていえるのは、販売する商品やサービス、ソリューションが大型かつ高額なものであればあるほど売上増の効果は高くなるということです。

書籍が書店やECショップで販売されても、何百件もの問い合わせや、契約の成立があるわけではありません。

**商品・サービスが高額であるからこそ、数件の成約で数億、十億の売上になるということです。**

また、その効果は「どこまで書籍を継続的に発展的活用をするか?」にかかっています。

書籍の素材を活用してメディア寄稿し、数十万人の読者にリーチさせ、未来の

顧客との接点を生む。さらには、書籍の内容をアレンジしてTikTokやYouTubeなどのSNSメディアで発信。未開拓の顧客とのタッチポイントを得る企業もいます。このように、書籍を起点に自社のビジネスが永続的に発展していくストーリーが描けるのです。

## 1-2 なぜ今、あえてアナログな「書籍出版」なのか?

先述の通り、**私たちは日々、数え切れないほどの情報に接していますが、それらを一つひとつじっくりと消化すること自体が難しくなっています。**このような状況下では、TikTokやYouTubeの広告がうまくバズったとして、次の瞬間にはまた別の刺激を求めて顧客は冷たく去っていきます。

もちろん出版起点ブランディングにおいても、SNSの大きな告知効果の恩恵にあずかることの大前提ではありますが、**追いつけないほどのスピードですべてが流れていく時代だからこそ、ゆっくりと内容を理解できる「スローメディア」としての書籍が、新たな価値を提供するメディアとして注目されています。**

### 時間に追い立てられないスローメディア

ファストメディアは即時性と拡散性には優れていますが、情報の深さや持続性においては限界があります。一方で、**書籍は時間に追い立てられず、自分のペースでじっくりと内容に没頭することができます。**

**こうしたスローメディアである書籍だからこそ、企業や商品、サービスの背後**

**にある物語や理念を深く掘り下げることができ、読者に深い理解と共感を促すことが可能**になります。

書籍出版の魅力は、「顧客とのタッチポイントの持続性」にあります。デジタルメディアでは瞬時に消費され、忘れられる情報が多い中、書籍は長期間にわたり価値提供を維持できます。

加えて、書籍は読者に対して集中と没入の体験を与えることができます。

**読者はページをめくる手間をかけて、著者が伝えたいメッセージや物語に深く没入することができます。これにより、企業や製品、サービスのストーリーや価値観が、より効果的に刻み込まれるのです。**

さらに、書籍はその専門性や信頼性から、読者に強い影響を与える力を持っています。

**ファストメディアの時代にあえてスローメディアである書籍を選ぶ。これこそが、企業が自身のストーリーや価値観を深く、持続的に伝えるための効果的な手段と言えます。**

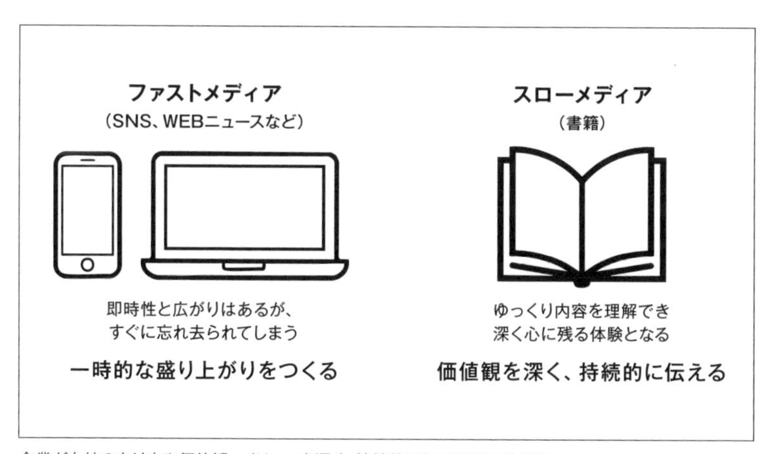


企業が自社のあり方や価値観、バリューを深く、持続的に伝えるのに効果的

## 1-3 成長企業社長の8割は著者になれる!

企業の社長やキーマンが会社の看板を背負って自分の実名で書籍を出すということ――これは何を意味するのでしょうか?

社外からみるとそれは「会社の看板を背負った著者文化人」になるということ。「その道における専門的知識を持つ識者」のポジションで、自社に対し、そして自分自身にも、様々なベネフィットをもたらすということです。

そして、もう1つ断言できることがあります。それは、

「**社長やキーマンならそれを高い確率で実現できる**」ということです。

ここから、その理由を説明していきましょう。

**まず、経営者やキーマンの頭脳には、一般生活者や世の中の企業のために役立つ「独自ノウハウ・経験」が蓄積されています。そのノウハウは、長年の職務上の努力と挑戦により積み重ねられてきた実学であり、読者がお金を払って学ぶのに十分価値のあるナレッジと言えます。**

たとえば、ハウスメーカーの方であれば、「賢いマイホームの建て方・買い方」を読者に伝えられます。不動産仲介会社の方ならば、「儲かるビル投資術」について詳しく説明することができます。PR会社の方ならば「メディアから取材を受けるためのコツ」をアドバイスできるでしょう。それらが1冊、1冊の価値ある書籍になるのです。

### 「書籍なんか出せない!」は思い込み

しかし、多くの方は以下のことに気づいていません。

「経営者やキーマンは書籍に書ける専門ノウハウを豊富に持っている」

多くの方が「書籍なんか書けない」「インタビューされてもネタがない」と思い込んでいるのです。

ここで断言します。経営者や成功体験のあるキーマンの多くは、人々を幸せにできる「書籍に必要な知識・経験」を保有し、それらを1冊の本として出版し、読者に有用な情報をギブすることができるのです。

**経験や知識を整理整頓してノウハウ化し、書籍として周知させる。それにより、経営者としての価値と企業価値を向上させる。これは社長やキーマンの使命の1つと言っても過言ではありません。**

経営者やキーマンは書籍になりうるノウハウの宝庫

## 1-4 書店で販売の「商業出版」にすべきたった1つの理由

さて、商業出版とは全国の書店、Amazon、楽天市場などで販売する「商品としての書籍」を、出版社が事業主体となり制作・販売する出版形態のことです。

**出版社は、1冊の本をつくるのに300～500万円ほどの制作人件費（編集者、デザイナー、営業マンなど）や紙代などを先行投資します。制作された書籍は、書店などを通じて販売されます。そこからの売上で出版社は経営を成り立たせます。**

出版社に出版企画が採用され、世に書籍が出るのは“売れそう”と認められた企画と著者だけ。出してほしい！と依頼しても、商業出版の場合はそう簡単には出版することは難しいと言えます。

商業出版として出版企画を出版社に採用してもらった著者（企業）は、いうまでもなく、その道の専門家として認められ、〝お墨付きで表舞台に出たに等しい〟称号を得ることになります。

出版社は、出版社は売り込まれて出版するのではなく、力のある著者を自ら探して執筆を依頼するというスタンスがほとんどで、出版社に企画を持ち込んでも、多くは不採用。そのようななかでの商業出版の実現は大きな価値があると言えるのです。

## 印税が発生する書籍出版を目指す

商業出版の場合は、「印税」が発生します。印税は6％から10％の間で、仮に1500円の本が5000冊売れ、印税が10％だとすると、印税は75万円（税別）です。

**もちろん出版ブランディングの目的はもちろん印税収入を得ることではありません。書籍出版を起点として大きなビジネスチャンスを得ることにありますが、印税を貰う出版だからこそ、信頼性が高いと言えます。**

では、どのようにして商業出版による出版ブランディングを成立させればよいのでしょうか？

よくあるケースとしては、出版社への人間関係をたどって出版企画書を提案するという方法、飛び込みで電話やメールをして企画書を提案する方法などがあります。また、出版ブランディング会社やサポートの専門家の力を借りて段取りよく出版を成立させるという方法もあります。

## 1-5 メディア露出を加速する出版の魔力とは?

出版起点ブランディングの大きな波及効果の1つに、「**メディアからの取材が加速する**」ということがあります。

書籍の内容をテーマにメディアに取り上げられると、企業の認知度が大幅にアップします。とくに、信頼性の高いメディアによる取材や記事は、その企業や商品・サービスにさらなる「お墨付き」が生じ、ブランドの信頼性は格段に高まります。

情報洪水のいま、生活者は信頼のおけない情報には過敏になっています。アプリ内の広告やバナーで知らない企業の商品やサービスを見ると、「ちょっとこの商品は怪しいかも」と疑いの目を向け、なかなかその先のアクションにはつながりません。

**そうした敏感な生活者の信頼を得るには、「メディアのお墨付き」が重要な役割を果たします。**

メディアに掲載されるということは、企業のメッセージがより広い視聴者層へ届くことにつながります。とくに、自社のWEBサイトやソーシャルメディアだけではリーチしきれない新しい新規のオーディエンスにアプローチすることができます。このような露出が、新規顧客の獲得や既存顧客のロイヤリティ強化に直結するのです。

## 企業の専門性や思想、そしてリーダーシップを伝える

また、メディアに取り上げられることは、潜在的なビジネスパートナーや投資家、そして社内の人たちに対しても、その企業の存在感を強くアピールすることになり、**単なる商品やサービスの告知だけではなく、そのバックボーンとなる深い洞察やビジョン、企業の専門性や思想、リーダーシップを伝えることができます。**

こうしたメディア露出は、企業のソーシャルメディア戦略やデジタルマーケティングにも追い風になり、メディアで紹介された内容をソーシャルメディアでさらにシェアすることで、企業のオンライン上でのプレゼンス（存在感）が強化され、より多くの反応やエンゲージメントが生まれます。

さらに、メディアに取り上げられることは、企業の長期的な信頼性と影響力を構築するのに役立ちます。生活者やビジネスパートナーは、メディアで目にした企業をより信頼し、その企業との関係を深めようとするでしょう。そこから、企業の成長と長期的な成功への道が開けていく――その第一歩が書籍の出版なのです。

**書籍を通じてメディアの注目を集めることは、企業が自らのパーパスや理念を広く伝えるための重要なステップです。このアプローチは、単に製品やサービスを紹介する以上の大きな意味を持っているのです。**

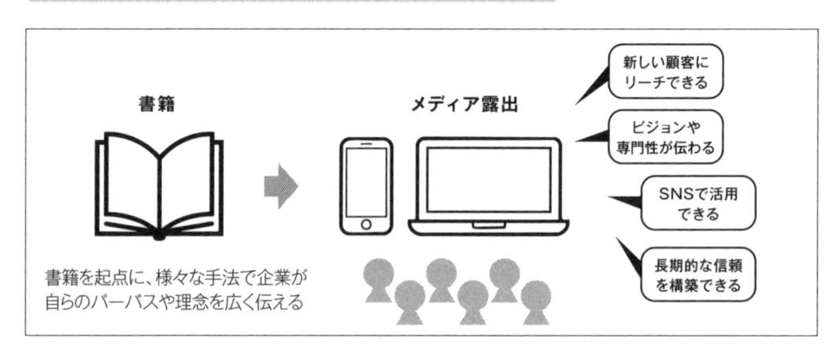

# 欲しい人材が集まった！<br>出版起点の人材採用マーケティング

法人には「人」という文字が付きますが、法人にも第三者から見た「人格」があります。

**社長やキーマンが著者文化人になり、書籍を起点にメディア活動などをすることで、会社の〝人格〟〝人柄〟〝らしさ〟が、社内外の読者に広く、深く浸透し、信頼、親しみ、愛着感情が読者に刷り込まれてゆきます。**

この会社はどんな表情をしているのか？ どのような世界観をもっているのか？

どんな人たちが働いているのか？ どんな心を持っているのか？

書籍を出版して情報発信することで、会社のパーソナリティ（人格）が世の中に浸透していきます。

実は、これこそが企業にとっての“パーパス戦略”のコア（核）部分と言えます。会社の人間像が見えることで、より共感や親しみが湧いて、社会とのエンゲージメントが深まります。それにより、長く続く愛着を創生しながら、売り上げ確保につながるのです。

## 「らしさ発信」が自社にフィットした人材を連れてくる

さらには、もうひとつ大きなベネフィット（価値）があります。

**それは、会社のらしさや表情が見えることが「人材採用」にも有利に働くというこ**

**とです。どんな人が、どんな思いで仕事をしているのか？が浮き彫りになり、社員の人間性や文化に共感した読者が「この会社で働いてみたい！」となります。**

「書籍を読んだ方が、社風や社長の人柄に惹かれ、うちの会社で働きたいと応募してきました」そう話してくれたのは、某老舗の和菓子メーカーの人事担当の方。

人事担当者は次のようも話してくれました。

「もともと和菓子業界に転職を考えていた方が、ネット検索をしていて書籍に出会い勉強のために熟読したそうです。その結果、『転職するなら、著者の会社のような、失敗や苦難も笑顔で乗り切る人間味あふれる会社がいい！』となり、大手企業を辞めて転職を希望してくれました」

**このように、転職先を選ぶ際に、著者である社長の人柄や社風に惚れ込んで応募をする読者は少なくありません。給料だけでなく、仕事を通じてどんな感情を味わえるのか？どんな体験ができるのか？を想像します。その結果、強い共感感情が生じ、著者の会社に転職をしたくなるケースがあります。書籍から会社の人格やらしさを発信する。これもまた、出版起点の人材採用マーケティングの手法の1つと言えるのです。**

## エピソードが「会社の表情」になる

これらを実現するためには、読者の課題解決ノウハウを書籍に書くだけでなく、**関係する実例や、ストーリーを文中にまぶし、セリフや表情が想像できるほどの情景描写を交えながら、読者の感情を揺さぶる表現を駆使する**必要があります。

情景が鮮明に理解できるような、感情が動く文章表現ができれば、よりノウハウも理解しやすくなり、高い信頼と愛着が得られ、人材マーケティングにも成功するということです。

このように、出版起点ブランディングは、1冊の書籍を起点に、自社の価値が広く深く伝わる、古くて新しい“ブランディング手法”と言えるのです。

## 「教育収益+商品・サービス販売収益」のWインカム

書籍を出版する際に「書籍読者に向けた体験講座(コンサル・アドバイス・無料相談)」などのフロント商品・サービス(集客のための商品・サービス)を創設するケースがあります。

これをうまくやることで、新規顧客を獲得し、新しいキャッシュフローを生み出すことができます。

### 書籍を活用して講座を開催し、講座収入を得る

たとえば、これから「ネット通販事業部のつくり方」に関する書籍を出版するとします。この場合、著者は、社員1人~5人の通販コンサル会社の代表だとします。

そして、読者ターゲットを、社員10人~70人前後の中小企業の経営者または新規事業担当者とします。彼らは今、年商1億円~5億円の通販の部署を立ち上げたいと考えています。この場合の、最初のキャッシュポイントはどこになるでしょう?

答えはフロントセミナー(受講生獲得のための安価な体験セミナー)です。書籍をテキストにして、体験的なセミナーを受講料5000円前後で開催します。参加見込者は無料読者特典と引き換えに、書籍からメールアドレスやラインを登録

してきた読者で、もちろんそのほかの手段でも一般参加者を募集します。

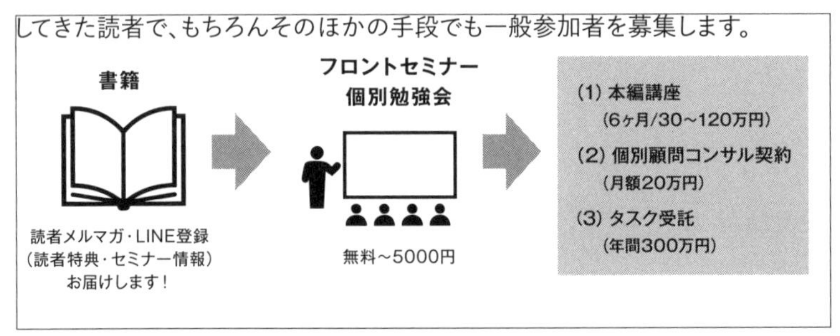


読者が安価な体験講座を受講。その後、本格受講や、コンサル契約へ誘導する

上記のフロントセミナーの最後に、本気で実現したい方を対象に、30万円から120万円前後の数か月にわたる講座や個別コンサルをご案内。興味のある方にはその場で申込書を書いていただきます。当日申込の場合は、割引制度を設け、カード決済も受け付けます。

ちなみに、フロントのオンライン体験セミナーに50人の方が参加したとして、その収益は5000円×50人＝25万円にしかなりません。ですが、そのうちの10人が本編講座受講を自社に導入するとどうでしょう？

30万円×10件で300万円の売上になります。

講座の原価はほぼかかりませんから、300万円がそのまま粗利益になります。これは、中小零細企業においては満足度の低い成果ではないはずです。20人受講すれば600万円の粗利益にもなります。

また、ノウハウを個別に教える年間のコンサルティング契約を結ぶこともできます。月額顧問料が20万円ならば5社契約で毎月100万円、年間契約ならば1200万円の粗利益です。

体験講座→本編講座→個別コンサル契約→タスク受託契約

キャッシュポイントは上記にとどまりません。

ネット通販事業部の創設、運営サポートを有償提供することもできます。**単なるコンサルティングやアドバイスではなく、頭と体を動かし、あるいは時にチームを動かして、実装のお手伝いを請け負うということです。**

実は、これが一番高額で、"本当に売りたい商品"であるケースもあります。

ネット通販事業部立ち上げ作業の代行は、年間300〜400万円ほどのサービスになるでしょう。仮にそれが5社決まれば、1500万円〜2000万円の売上アップを実現します。

もう1つ例をご紹介しましょう。

「商品・サービスを販売するためのランディングページ(LP)やセールスライティングを代行する制作プロダクションの社長」が本を出したとしましょう。

効果的なLPの作り方や売れるセールスコピーの書き方を習得するための講座を、仮に40万円(6か月コース)で提供。これを5人が受講すれば200万円の粗利益です。

ですが、本当の目的は、そのバックにある年間200万円前後で複数のLPやセールスライティング制作を代行するサービスの契約です。5社の契約で粗利益は1000万円となります。

そしてもう1つ事例を紹介しましょう。

「デジタルマーケティングをサポートする企業の社長」が本を出した場合はどうでしょうか?

デジタルマーケティングのノウハウを教える講座を総額60万円(6か月コース)で開催、5人の参加で300万円の粗利益です。

そして、月額30万円（年間360万円）でデジタルマーケティング導入から運営ノウハウまでを教えるコンサル契約、さらに制作受託へと至る道筋も見えてきます。

このように、フロント講座で1回目のキャッシュポイントをつくり、次のステップとして、本当に売りたいバックエンド商品であるコンサル契約やサービスの代行といったビジネスを獲得する。段階構造で収入を得ることができるのです。

上記は主に小規模企業の事業主が著者になった場合の例でしたが、数千万〜数億円のサービスを売る大企業でも活用が可能です。

## 大企業では“理解を深める個別勉強会”が効果的

ここからは大企業でも活用できる「商品・サービス販促のための書籍活用勉強会」についてご紹介します。

たとえば、販売価格が数千万円以上の住宅、マンション、あるいはビル投資、企業向けのDX、数億以上する高額なマーケティング施策やシステムを販売するケースです。

あるコンサルティング会社は書籍で売上向上のためのメソッドを紹介しました。その方法がいかに効果的であるかをうたいながら、読者が再現できる形で説明しました。読者はそれを実践するのですが、課題を解決できる企業もあれば、そうでない企業もあります。

ここで、**自社では課題解決できなかった読者（企業）が、「書籍を活用した勉強会」に参加したくなる道筋をつくります。**

勉強会は、1社づつ個別に実施します。そのほうが機密事項にまで踏み込んだ対話ができ、課題の核心に触れながら、解決の糸口を明確に提案ができます。これにより大型の契約が効率よく獲得できるのです。

1社づつではなく、不特定多数の方が参加するセミナーをオンラインとリアルで開催し、リード顧客へとステージアップさせる企業も存在します。

また、展示会に出展し、書籍の書影を大看板にして、さらには書籍を来訪者に配布しながら会場で講座を開くなど、自社の差別化を図り、売上獲得を目指す企業もあります。

書籍は出版後に、講座、講演、展示会など様々なクロージングツールとして活用できる「教育式マーケティングツール」でもあるのです。

※この内容に関しては5章の14で、書籍を活用した営業活動との関連性を含め再度解説いたします。

## 1-8 「講演依頼サイト登録」がビジネスチャンスを広げる

前項でお伝えした「講座」は自社主催のものですが、書籍出版はそれとは別に「外部からの講演依頼」も期待できます。つまり、外部の企業や団体から「講演をお願いします」と依頼されるような仕掛けが作りやすくなります。

ネットで検索すると「講演依頼.com」「システムブレーン」「speakers.jp」など、講演依頼に応じて講師を派遣するエージェント会社が表示されます。著名な会社社長やビジネスマン、文化人、タレント、アスリートなどが登録し、講演依頼代行業務サービス（講演会・セミナー講師派遣代行）を行うエージェンシーです。まずは、こうしたエージェンシーに登録することです。

［出典・引用］講演依頼.com、システムブレーン、speakers.jp

## 書籍で“何の専門家なのか?”が強調される

ここで重要なことは、「自分が何の専門家なのか?」を明確にするということ。ですが、書籍を出版していれば、何の専門家かということはすでに確立されています。エージェンシーに登録するときに専門分野の記載に迷うことはまずありません。

**そもそも、書籍を出す場合は、何らかの専門家であるという軸づくりが大前提です。**自分史を書くことが出版ブランディングだという思い違いをする方もいますが、読者は人生の足跡に興味があるわけではなく、著者が経営、または所属する企業の専門性やノウハウに興味を持つのです。

## 講演料は10万円〜80万円

講演料は登録時に10万円から80万円程度の間で、自分で自由に設定できます。エージェントに成功報酬として講演料の20〜30%前後のエージェント料を支払うことになりますが、登録しておくだけなので、やらない手はありません。複数の講演テーマを登録しておけばチャンスはさらに広がるでしょう。

登録自体は基本的に無料ですが、なかには5000円程度の登録料がかかるエージェントもあります。

**もちろん、プロフィールには商業出版した書名を記載しておきます。本を出版していること自体が大きなアドバンテージになるので、講演依頼獲得の後押しになります。講師の専門分野が世の中のニーズに合っていればいるほど、たくさんの**

**講演依頼が発生します。**

### 講演をおこなうメリットとは?

さて、講演を行うことのメリットは何でしょう?

もちろん講演料も魅力的かもしれませんが、それ以上に重要なのは、講演の聴講者とWin Winの関係になれるということです。将来のビジネスパートナーや顧客候補として良好な関係を構築することができます。

デジタルマーケティングの書籍を出版したある経営者は、全国の企業・学校・地方団体などから講演の依頼を受け、デジタルマーケティングの基礎を教えています。そこからあらたな仕事が生まれたりと、講演をおおいに有効活用しています。

このようにして、新しいビジネスを創出したり、人材採用につなげたり、自社の商品・サービスの取引につなげるなどを目指します。

また、全国の商工会議所やライオンズクラブ、ロータリークラブ、あるいは経営者クラブなどで講演を積極的に実施することで、個人としてのウェルビーイングを高めながら、ビジネスチャンスをどんどん広げていくことができるのです。

## 1-9 書籍を出すとなぜ幸福度が上がるのか?

社長やキーマンの方々は、日々、たくさんの業務に追われ、重責務を背負っています。その結果、自分の承認欲求を満たす機会や、自己実現感を味わう余裕がなくなってしまう方もいます。これまでの軌跡を振り返ったり、噛みしめたりができず、**何のために働いているのか？何のために生きているのか？人生とは何？を自問自答し、幸福感を感じられずに苦しむ方も少なくありません。**

**売上、利益、時価総額で頭がいっぱい！ 感動もなく、孤独な日々。社訓ではウェルビーイングを掲げているのに、経営者やキーマンの幸福度が低いままの企業は珍しくないのです。**

## 書籍を出すと幸せになる

ここで、ある真実をお伝えします。

「**それは、書籍を出版すると決めた途端、毎日、働くことが幸せになる**」ということです。

**理由は、読者から「著者文化人」「識者」として「認められ、頼られ、感謝される」ことへの期待が生まれるからです。**

書籍が完成した直後には、自分の考えを伝えきった喜びと、思いを吐き出した爽快感が得られます。

また、**書籍を読んだ読者が書籍に共感して、感謝のメールを送って来ることがあります。あるいは、アマゾンレビューの書き込みを見て、役に立てた喜びを感じるなど、読者反響により大きな幸福感が得られるのです。**

さらには書籍を出版するとWebメディアや雑誌、新聞などでの取材対応が発生したり、テレビ・ラジオに出演する機会が訪れることがあります。社会的ニーズがあれば、講演の依頼だってどんどん舞い込んできます。

その結果、何が起きるか？

**組織人でありながら「個人表現者」としての承認欲求が満たされ、強い幸福感を得ることができるのです。「自分は何のために仕事をしているのか?」この答えについて「感情レベル」で確信でき、働くモチベーションがアップするのです。**

## “自分の魂”がこの世に残り続ける!?

書籍出版のもう1つのメリットは、**生きた証、働いた証、会社を育てた証しを、この世に残せるということです。命を燃やしてつくりあげた社のノウハウや理念が、この世に残り続けるということです。**

世の中の読者の課題を解決し、恩恵をもたらしながら「誰もが読みたい実用本」として、全国書店販売の書籍として残るのです。

自分史は、相当な有名人でないと商業出版(書店販売品)してくれないので、そのほとんどは、実費出版という方法で実現するしかありません。もちろん自分史が悪いわけではありませんし、家族や友人、知人などに配ることで、かけがえのない思い出や絆が生まれるはずです。用途に応じて有効活用すればよいと思います。

もし、ビジネスブランディングをするならば「**読者が自分のために役立てられてお金を払ってでも買いたい形で残る本**」**を、全国書店で売り物として出版する商業出版をおすすめします。自社へのベネフィットが生まれ、自社のブランディングの成果が社外・社内から得られるはずです。**

2章

# 自社の哲学・ノウハウを全国書店800店舗で売るステップ

## 「著者」と「出版社」の関係を知る

「書籍を出版しよう！」

そう一念発起した際に、知っておきたいことがあります。出版業界の常識・お作法についてです。

商業出版の場合、著者と出版社はどういう関係にあるのでしょう？

「著者」は、自分の書籍に書く内容・コンテンツを出版社に貸与するという役割の存在です。一方、出版事業の主導権は「出版社」側にあります。

**基本的に、出版社は著者の出版企画を採用し、リスクを抱えて世の中に書籍という商品として流通させて利益を得ます。さらには、著者に印税をもたらしてくれるありがたい存在です。**

ビジネスマンの方であれば、この関係性の意味はよく理解できるのではないかと思います。

### 残念な著者にならないために

ところが、残念ながらこの立ち位置を勘違いしてしまう著者もいます。

「自分の持つ有用なノウハウを出版社に提供しているのだから、自分の方が偉い」

そんな考えの方を時折見かけます。

そのような考え方になった瞬間、出版社との関係は崩れてしまいます。

**出版社に対して尊重の気持ちをもたず、高圧的な態度で接してしまう残念な著者にならないよう、くれぐれも気をつけましょう。**

## 出版社には感謝の気持ちを持って

どんなに優れたノウハウをもっていたとしても、売れそうな出版企画であっても、先述のような著者は出版社から歓迎されません。世の中のベストセラー著者のほとんどは、出版社の編集者を尊敬し、丁寧な態度で接します。出版社がリスクをとって「自分の本を世の中に出してくれるありがたい存在」だということをよく理解しているからです。

どこで間違った認識を得るのかはわかりませんが、出版社を雑に扱い、**まるで"外注業者"に対して圧をかけるような物言いをしてしまう――これは絶対にやってはいけません。**

仮に、出版社側が間違ったことを言ったり、ミスをしたとしても、攻撃的あるいは否定的な言葉を使わずに、うまく良い方向に誘導していこうという気持ちが必要なのです。

出版社は自社の「クライアント」だと思うことで、すべてのコミュニケーションがうまくいくはずです。

**出版社は著者の企画を採用してくれるクライアントであり、投資家的な役割も担う存在。その立ち位置を理解し、リスペクトの気持ちをもって出版社側に接すること。**これが、書籍出版を成功させるための最低限のルールです。

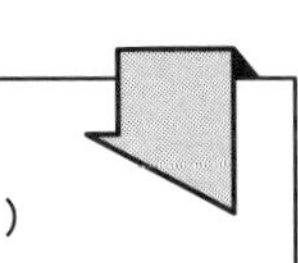

**▶今までの私の勘違いを書き出してみましょう!**
(　　　　　　　　　　　　　　　　　　　　　　　　　　　　)

**▶[真実]：出版社は有難い投資家でありクライアントです。**
**あなたと、あなたの会社を書籍デビューさせてくれる大切な存在です。**

## 2-2 自社の強みを言語化する

自社ブランディングのために書籍を出版したいと思い立ったら、まず何から始めればよいのでしょう? **まずは「自社の強み」を言葉にして書き出してみることです。**普段、目の前の仕事に追われていると、自社の強みが何なのかがわからなくなります。良い機会ですので、客観的な目で、自社の強みを書き出してみて欲しいのです。

例えば、M&Aの仲介を業とする会社の強みは何でしょう?それは、どのように会社を立ち上げ、どう経営していけば、5年後に高い金額で事業を売却し、利益を上げられるかのノウハウを知っていることです。イグジットに導くことができる。それがM&A仲介会社の強みです。

**▶M&A会社の強み**

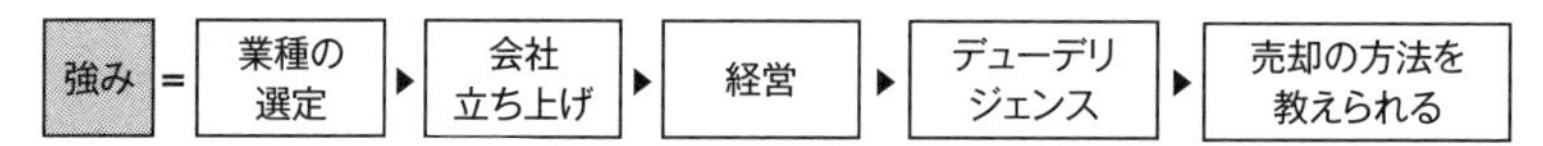


では、高齢のIT人材専門の人材紹介会社の強みは何でしょう?それは高齢者がIT企業に転職するノウハウがあることです。高齢者がIT人材として活躍できる条件や必要とされる技能などにも精通しているはずです。

**▶高齢IT人材紹介会社の強み**

税理士法人の経営者は、法律に則った効果的な節税対策を知っている。効果的な内部留保金の貯め方や使い方を指導できる。そういった専門知識が強みになります。

**▶税理士法人の強み**

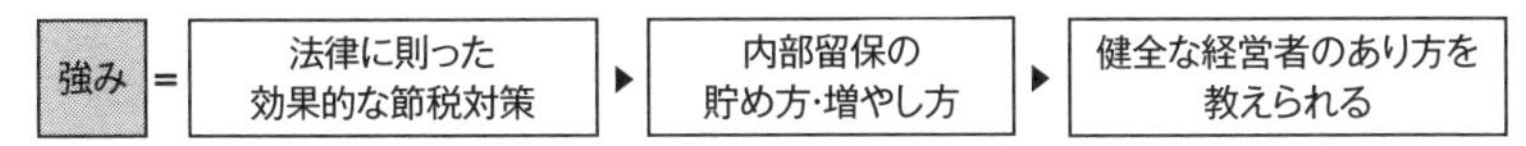


新しいビジネスモデルに詳しいコンサルティングファームであれば、どのようなビジネスモデルが儲かるのかをアドバイスできます。

**▶新ビジネスモデルに詳しいコンサルティングファームの強み**

歯の噛み合わせに詳しい自由診療の歯科医院の院長であれば、かみ合わせを整えることでいかに健康になるかの知識を教えることができます。

**▶歯の噛み合わせに詳しい自由診療歯科医院の強み**

このように、自社がどのような強みをもっているのかを洗い出す。それが出版起点ブランディングの第一歩になります。

ではさっそく、思い付きでよいので、自社の強みを書き出してみましょう！

**▶当社は（　　　　　　　　　　　　　　　　）をする会社です。**

（例）投資用不動産の仲介をする会社

**▶当社の強みは（　　　　　　　　　　　　　　　　）ができることです。**

（例）当社の強みは、マンション1室の不動産投資からはじめたお客様を、
5段階ステップでビルなどの大規模不動産投資までお導きできることです。

いかがでしたか?書き込みはできましたか?

強みに関しては、家族、友人、お客様など第三者にも聞きながら、客観的視点で書き出すのがおすすめです。

## 2-3 強みに「名前」をつけてみる

次の段階の作業は、書き出した自社の強みに「名前」をつけることです。自社の独自の強みを「USP(Unique Selling Proposition)」といいますが、この自社のUSPに名前をつけてみましょう。誰かにあだ名をつけるような“あのノリ”で試してみてください。

**実はUSPのネーミングは、実はつけてしまった人の勝ちなのです。**

アインシュタインが自分の学説に「相対性理論」と名づけたように、自社の強みにネーミングをつけてみましょう。自分(自社)の理論やノウハウに名前をつけてしまえば、その道の先駆者として世の中に認められやすくなるのです。

### ネーミング1つで特定領域の先駆者になれる

ここから実際の例をお話しましょう。

100万円のスモール・ビジネスを立ち上げて、1～3年以内にその事業を3000万円で売却することを繰り返す、連続起業家の遠星誠さんは、そのノウハウに「ミニマム・イグジット・メソッド」と名づけて書籍を出版しました。

ミニマムは最低限、イグジットは株式の売却やM&Aで利益を得ることです。つまり、最小限の資金で起業して、その事業を高く売る。その手法をミニマム・イグジット・メソッドと名づけたのです。

飲食店の空間デザイナーでもある内装設計事務所（店舗デザイン事務所）の久保徹宜社長は、「なぜか居心地がよくて人が集まる」「一度来たら何度も足を運びたくなる」空間デザインを得意としていました。その手法に「エンゲージメント・デザイン」と命名し「つながる空間デザイン」というタイトルの本を出版しました。

すまいる歯科の院長で著者の山村よしあきさんは、相手の立場になることで互いを思いやる職場をつくり、離職率を劇的に減らすことができました。そして、患者やスタッフと向き合うそのコミュニケーション法に「相手目線メガネ」と名づけて書籍を出版しました。

山村さんは、ストレスフリーに働くコミュニケーション術を世の中に広めたいという思いを抱き、現在「相手目線メガネ」をテーマにした講演活動を行っています。

## USPネーミングで自社の軸が明確になる

このように、自社USPのネーミングによって書籍のコアコンセプトができ上がります。

先ほどのアインシュタインの相対性理論も同じで、ニュートンの万有引力の法則もしかりです。

**ノウハウに名前をつけることによって、自社ブランドにとって大切な軸が明確になり、ネーミングの妙によって、そのコンテンツの価値は何倍にもふくれ上がり、人々の心に刺さりやすくなるのです。**

さて、御社の、そしてあなたのUSPネームは何でしょう？

まずは3つ！考えてみましょう。

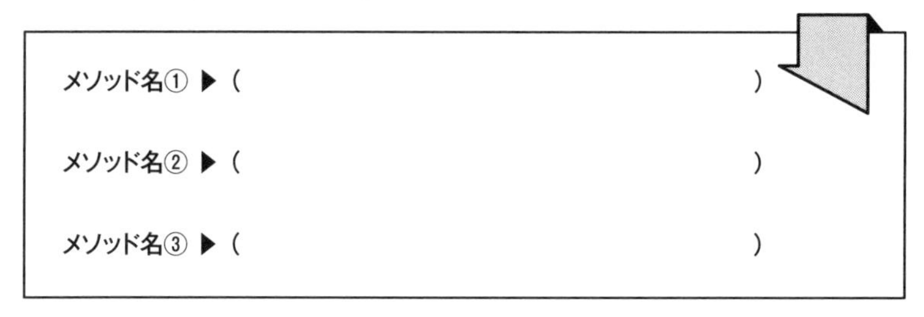

メソッド名① ▶（　　　　　　　　　　　　　　　　）

メソッド名② ▶（　　　　　　　　　　　　　　　　）

メソッド名③ ▶（　　　　　　　　　　　　　　　　）

いかがでしたか？ 耳に良い響き！覚えやすい！ 視覚的にもNICE！ そんなUSPネームを考えてみましょう。

## 読者の「悩み」と「欲望」は何ですか？

ここまでは、自社の強みやノウハウを整理、言語化する方法についてお伝えしてきました。

ここで言語化されたUSPネームは、書籍をつくるプロセスにおいて、いわば細胞分裂する前の細胞と同じです。

**この後、USPネームに宿ったゲノムの延長上で、言葉がさらなる細胞分裂を繰り返すことで、自社にしか語れないオリジナリティのある書籍ができ上がっていきます。**

## 「書きたい本」と「求められる本」の合致点を探す

ここで強くお伝えしておきたいことがあります。

それは、「書きたい本」と「求められる本」は必ずしも同じではないということです。

**そして「著者が書きたいと思う内容」と「読者が読みたいと思うニーズ」のクロスポイントにおいてのみ、正規の商業出版のチャンスが生じるのです。**

著者が「書きたい」と思っても、「読みたい」と思う読者がいなければ、出版企画は採用されません。万が一、出版されたとしても、売れない・・・・！それが現実です。もし、単純に書きたいことを"自由に表現して出版したい"のならば、実費出版で出すしかありません。

しかし、それではクオリティ的にも書店流通数的にも、出版による企業ブランディングの達成は困難と言えます。先ほど"相手目線メガネ"の話をしましたが、まさにそれと同じく書籍出版に対しても相手目線に立ったコンテンツが求められます。

## 読者に与えられるメリットは何か？

さて、ここで重要な作業があります。それは、「読者にどんなメリットを与えられるのか?」をできるだけたくさん書き出すということ。

**あくまでも“あなたの会社のスゴさ”ではなく“相手が感じるメリット”です。**

書籍の内容が独りよがりな自画自賛や「僕はこれをしました!」「あれをしました!」では、出版企画として採用されにくく、出版されたとしても売れません。

ですから自分語り、自社語りだけの内容はなるべく避けます。自分語りだけでは、パンフレット的な印刷物としての役目しか果たせないからです。

そうならないためにはどうしたらいいのか?読者のメリットをどのように言語化していけばいいのか?これらについては、次の項目で解説してゆきます。

## 読者の「悩み」や「目標」は何なのか?

大切なのは、読者の「悩み」や「欲望」に目を向けることです。具体的には、**その本を読んだ読者が「○○になる」という型に当てはめて書き出します。**

**この「○○」には“読者の未来の望むべき状態”を書き込みます。**

あなたの書籍で、読者はどんなハッピーな未来を手にするでしょうか? さっそく書き込んでみましょう。

**▶この本を読んだ読者は（　　　　　　　　　　　）になる!**

(例)この本を読んだ著者は、出版起点ブランディングの手法がわかり、自社のリブランディングに成功する。

このように答えは極めて簡単かつシンプルです!

たとえば、ビジネス英語が話せるようになる英会話スクールの場合で考えましょう。読者に与えられるメリット、そして望まれる未来は何でしょう?

おそらく、単に英語で日常会話ができるようになることではありません。「**英語でディベートができるようになる**」「**海外ビジネスシーンで英語で説得できるようになる**」ということなどがあるはずです。

PR会社の社長が本を書く場合はどうでしょう?まだ広報部のない企業の総務部の社員が、広報活動やメディアリレーションに挑戦するシーンが思い浮ぶはず。そして「**初心者でもニュースリリースを書いてメディアに配信するだけで、Webメディアの寄稿が必ず取れるようになる未来**」が描けるはずです。

これこそが読者のメリットであり、読者が満たしたい欲望、叶えたい目標なのです。

ネット通販のコンサルタントが書く本であれば、「**仕入れ商品の販売だけでなく、自社商品の開発・販売方法がわかるようになる**」が望む未来です。

イメージがつかめましたか?

さあ、それでは実践編です。相手目線に立って自社が提供できるメリットを、思いつくままに書き出してみましょう!

**▶私の書籍を読んだ読者は（　　　　　）ができるようになります。**
**そして（　　　　　）な状態を手にします。**

(例)私の本を読んだ読者はデジタルマーケティングの基本知識を得て、社内にデジマ事業部をつくることができます。そして売上を1年後に1.5倍にすることができます。

こんなかんじです!

さあ、まずは、気負わずに書きだしてみましょう!

## 2-5 読者がトクするセオリーを30個書き出す

▶ビジネス英会話でディベートができるようになる!

▶不動産投資がうまくいく!

▶中小企業が海外進出する方法がわかる!

▶デジタルマーケティングの基本がわかる!

提供可能なメリットを書き出した後は、何をすればいいでしょうか?

答えは

「**どうしたらそれが実現できるのか?を言語化すること**」です。

セオリー・テクニック・手法をできるだけ多く書き出すということです。

**実は、これらは後に書籍の目次として活用されます。**

これができるか?できないか?ここが著者になれるかなれないかの分かれ道といっても過言ではありません。まずは6割の完成度を目指してやってみましょう。

たとえば、アパート経営のノウハウ書籍を書くとしましょう。その場合、書き出すべきは以下の通りです。

1. SUUMOで毎日5分、土地情報を眺める習慣をつける
2. 駅徒歩8分以内、容積率の大きい土地を探す
3. 仮の設計図を作成してもらい、想定部屋数を想定する
4. 家賃設定をして家賃収入を計算してみる
5. ローンの支出と照合して利益が出るか?を計算する
6. ローンの申し込みをする

これらはすべて、**どうしたらそれが実現できるのか？**です。

普段、真剣にビジネスに向き合っている方であれば、いくらでもセオリーがでてくるはず。できれば30個を目指して書き出してみて欲しいのです。「えーっ、30個も!?」そう、思ったでしょうか？ でも、これも読者目線になれば難しくはありません。

「相手目線」…ビジネスにおいてとても大切なことですね。ビジネスの基本を意識すれば、必ず出てくるはずです。

## 読者には目標がある！

書籍を購入しようとする読者は、ビジネスにおいて「何かを達成したい」と考えています。

もしもあなたが、「売上向上のプロ」であるならば、6か月以内に売上を1.2倍にするための方法を、思いつくかぎり書き出し、書籍から伝える必要があります。

客単価を上げる、リピートの仕組みをつくる、他社とアライアンスを組む、メディア露出を増やすなどなど……。自身に知識がなくとも、社員に知識、経験があればそれが必ず書き出せるはずなのです。

**残念ですが、そういうセオリーが思いつかないなら、それはまだ書籍を出すには早い・・・ということになります。**

**（でも実際、社長や幹部になる方が、そんなことはないはず！）**

居酒屋を経営する下川部康雄さんは、不況でも繁盛し続ける居酒屋経営の本を出したいと思いました。下川部さんには、居酒屋に来たお客様をファンにするセオリーがたくさんありました。お客様がファンになってくれれば、どんなことがあろうとも、店をずっと応援し続けてくれる！その信念の通りコロナ禍でもお客様からの応援を受け、店を存続させることができました。

セオリーのひとつは、居酒屋のお客様のために各種趣味のサークルをつくることでした。野球部、ジョギング部、ゴルフ部、座禅部、ヨガ部など、さまざまなコミュニティーをつくり、それぞれ部長を任命しました。結果、サークル活動のあとは居酒屋を利用して打ち上げをするようになり、安定的な売上を確保できたのです。

それ以外にも、毎月お店で誕生会を開催したり、メディアが取材したくなるようなユニークなイベントを主催しました。

**下川部さんは、ノウハウ、セオリーを即座に15個ほど書き出すことができました。残りの15個はスタッフやお客様に聞いたりして、応援されるお店になるための方法が30個以上言語化されたのです。**

さて、あなたが持っている読者の得するセオリーは何でしょうか？

まずは5個を目指して書き出してみてください。5個出てきたら次は10個、10個書けたら次は15個……というように、小刻みに1週間かけて実践してみましょう。

［書き出しワーク］ 大テーマ（　　　　　　　　　　　　　　　　）

セオリー① ▶（　　　　　　　　　　　　　　　　　　　　　　　）

セオリー② ▶（　　　　　　　　　　　　　　　　　　　　　　　）

セオリー③ ▶（　　　　　　　　　　　　　　　　　　　　　　　）

セオリー④ ▶（　　　　　　　　　　　　　　　　　　　　　　　）

セオリー⑤ ▶（　　　　　　　　　　　　　　　　　　　　　　　）

これを20～30個書き出すことができれば、書籍の体裁をつくることができます。なぜなら、書籍(ビジネス書)は、読者が得するノウハウやセオリー、方程式、コツを40～50個集めたものだからなのです。

この書き出しにより、ここで目次ができてしまうのです。

「それは自分が書きたい本とは違うな」そんなふうに思った方もいると思います。

たしかに、いままでの自分の人生や、会社の波乱万丈のストーリーを書きたい方も少なくありません。

「せっかく本を出すのだから自分史を書きたい」その気持ちはよく理解できます。ですが、商業出版をしたいならグッといったん我慢です。まずは読者が再現できるセオリーを書き出すことです。

**ここで朗報があります。それは・・・**

**ノウハウやセオリーを書いた書籍でも自分史、自社史、自社の魂は読者に伝わる!ということ。「まえがき」や「あとがき」などを含め、書籍の本文の中に実例として過去の体験や、その時の気持ちをふんだんに記すことができます。**

歩んできた道や企業の歴史、かつて危機をどう乗り越えたかのドラマを十分盛り込むことはできるのです。ですからここはどうか安心してほしいと思います。

## 2-6 誰でもできる出版企画の基本

さて、ここでは「出版企画書」の基本をフレームを提示しながら説明したいと思います。出版企画書は、ワードファイルで提出します。他のビジネスと異なりパワーポイントなどは使用しません。補足資料としてパワーポイントを添付することもありますが、出版社の編集者がワードファイルを見慣れているので、ワードで作成します。

▶ タイトル:(　　　　　　　　　　　　　　　　　　　　　　　　　)

※メリットがわかるように書きます。

▶ サブタイトル:(　　　　　　　　　　　　　　　　　　　　　　　)

※タイトルだけでは伝えきれなかった重要ポイントなど、補完する解説を書きます。タイトルで使用した文言は使用しません。

▶ 帯:(　　　　　　　　　　　　　　　　　　　　　　　　　　　)

※感情を動かすインパクトが強い言葉を書きます。

▶ 概要:(　　　　　　　　　　　　　　　　　　　　　　　　　　)

※「何」が「どうなる?」を箇条書きで書きます。ビフォアアフターがわかるように書くと、出版企画の解像度があがります。

▶ ターゲット:(　　　　　　　　　　　　　　　　　　　　　　　)

※なるべく対象が広くなるように書きます。ただしなるべく具体的に記載します。

▶ 著者プロフィール:(　　　　　　　　　　　　　　　　　　　　)

※多著の著者プロフィールを見ながら300文字以内にまとめます。
※本著を書くにふさわしい肩書き、何の専門家であるかを記載します。
※本著に無関係な内容は削ります。
※数字を交えながら実績を書きます。

▶ 類書とその特徴:(　　　　　　　　　　　　　　　　　　　　　)

※5冊前後書き出す。
※本著(自身の書籍)と類似する既存書籍のタイトル、サブタイトル、出版年月日、著者、著者の肩書を書きます。
※本著(自身の書籍)の新規性(差別化ポイント)をそれぞれ書きます。

▶ 販促・PR・メディア:(　　　　　　　　　　　　　　　　　　　)

※過去に登場したメディア名を記載します。
※現在登場しているメディア名を記載します。
※現在発信中のSNSのフォロワー数を書きます(FACEBOOK、Instagram、TikTok、X、Youtube)

## 出版企画書

▶ **章・目次構成**　※各章の中に7つの目次を書き出します。

**1章：(**　　　　　　**)** ※この本の要約：何がどうなるを書きます。

**2章：(**　　　　　　**)** ※うまくいくためノウハウとステップをうまくいった事例も混ぜながら書きます。

**3章：(**　　　　　　**)** ※うまくいくためノウハウとステップをうまくいった事例も混ぜながら書きます。

**4章：(**　　　　　　**)** ※うまくいくためノウハウとステップをうまくいった事例も混ぜながら書きます。

**5章：(**　　　　　　**)** ※やってはいけないNGアクションを失敗事例を交えながら書きます。

**6章：(**　　　　　　**)** ※未来に向けたマニフェストや未来の予測を書きます。

▶ **サンプル原稿**

**〇章-〇**　※サンプル原稿を章の中から3本選びます。本著〇章で紹介のPREP法で執筆します。

**タイトル：(**　　　　　　　　　　　　　　　　　　　　　　　　**)**

**文章：**(約1000文字前後)

**〜なときがありますね。**(問題となるシチュエーション)
**〜そんなときは〜しましょう。**(解決策の提示)
**そうすると〜になります。**(解決された状態)
**なぜそうなるのですか？**
**それは〜だからです**(解決できる理由を詳細に専門的に解説する。専門家として長めに)
**たとえばこんな事例がありました。**
**〜業を営む〜会社の〜さんは〜をしました。**
**すると〜という結果を得ることができました。**
**〜がうまくいき、無事問題を解決することができたのです。**
**〜なときは〜することで〜を解決できるのです。**

以上が出版企画書の書き方となります。

一般のビジネスの企画書にはないマニアックな表現となりますが、ぜひ挑戦して貰えたら幸いです。出版企画書を作成することで、情報が整理され、自社のUSPが浮き彫りになるというメリットもあります。顧客目線から見たベネフィットの言語化にもなり一隻二鳥です。自社のパーパスの素材ともなるので作業自体が有益なタスクと言えるでしょう。

## 2-7 一度は出版社に売り込んでみよう！

ここからは、ちょっと刺激的なおはなしです。

あなたは、これまで飛び込み営業をしたことがあるでしょうか？

ここでおすすめしたいのは、出版企画書をつくったら、一度ダメ元で出版社に売り込んでみるということです。

「えーっ！そんなの怖い！」

そう思ったかもしれません。もちろん、やるやないは、お任せします。ただ、これを1回やってみることで、出版社の息遣いを感じ取ることができます。もちろん、最初から出版エージェントや出版プロデューサー（サポーター）に依頼する方は、この項目は必須ではありません。

まずは、Amazon.comで自分が出版したいジャンルの書籍を調べます。

出版社名が書いてあるので、Yahoo！やGoogleで検索してホームページをチェックします。

会社概要にはその出版社の代表番号が載っているので、そこに電話をして、こう言ってみてください。

「出版企画を検討していただきたいのですが、企画書を送らせていただいてよろしいでしょうか？」

ここで、「うちでは受け付けておりません」と断られるケースもあります。

あるいは、「企画募集のページから応募してみてください」と言われることもあります。運が良ければ、「では、こちらに送ってください」と編集者個人のメールアドレスを教えてもらえる場合もあるでしょう。そこに出版企画書を提出してみるのです。

## 自力でおこなうと採用までの難易度が見えてくる

実際にやってみるとわかりますが、そのときに感じる負荷はなかなかのものです。恐怖感や不安、罪悪感などさまざまな感情が渦巻くでしょう。本来の仕事が手につかなくなる方もいます。もちろんなかには、おかまいなしに、平気でできてしまう方もいます。

企画書を提出した後、採用される確率はそれほど高くはありませんが、ゼロではないので、50件、100件と繰り返せば採用してもらえる幸運に恵まれるかもしれません。

いずれにしても、実際にハードルの高さを体験することで、書籍を出版する価値を感じていただければと思います。

本書は、出版を起点として一定期間内に効率的に企業をブランディング、リブランディングするための書籍ですが、こうしたノウハウを買うという意味では、出版ブランディングのサポート会社に協力を依頼をするのも選択肢の1つと言えます。

いろいろと比較して条件や価格、工程などを確かめてみるのもよいかもしれません。

## 企画の採用までに2〜3回の会議の突破が必要

ただし、出版プロデュース会社、ブランディング会社に依頼した場合でも、自力で出版社に売り込んだときも同様、すぐに出版企画が採用されることはありません。

ほとんどの場合、出版検討会議が行われます。

まずは第一関門の編集会議と言われるものです。

これを突破すると、それから1～2週間後に営業会議が開かれ、実際に書店で書籍を売れるのか?について、現場をよく知る営業部を交えて吟味されます。編集部が「面白い」と評価しても、営業部が「売れそうもない」「ここを直す必要がある」といった厳しい差し戻しが発生することがあります。

編集会議で不採用が確定することもあれば、企画が差し戻されて、出版企画の修正指示が来るケースもあります。こうしたやりとりが何度か繰り返されます。

独特なコミュニケーションの間合いがあり、特殊な業界のお作法なども存在します。

晴れて営業会議を突破した後は、経営会議で経営陣が最終検討をすることになります。ここで、採用が決定してはじめて出版が内定します。

このように、2つから3つの関門があります。採用決定までの期間は長くて3～4か月かかる場合もあります。

また、出版企画書を持ち込んで、「検討します」と言ったきり出版社からの返答が来ないこともあります。これは事実上、「企画が通らなかった」と判断するのが妥当です。

もっと売れそうな出版企画が提案され、そちらが優先されたということです。

**たとえ、こうしたことが起きても、出版社を責めるのは筋違いです。出版社は企画を採用しなかったとしても、その結果を伝える義務はありません。**

そもそも、著者側から提案したものを出版社が検討してくれただけでもありがたいこと。「検討しますといって返事もよこさない」「不採用の理由も教えてくれない」と不満を漏らす方もいますが、「メールを送ったがそのままスルーされる」は、出版業界の商慣行上のスタンダードといってもよいでしょう。

## 同時に複数の出版社に提案してもいいのか？

ここでひとつの疑問が生まれるかもしれません。

それは、「出版企画書を同時に複数の出版社に持ち込んでもいいのか？」ということです。

1つの答えとして、企画書を持ち込む際に「複数の出版社にも提案させていただいています」という1行を添えることで、その後のトラブルを避けられます。

天秤にかけているようで言いにくいかもしれませんが、あとあとトラブルになる可能性を考えれば、謙虚に1行を添えることが誠意であり、リスクマネジメントにもなります。

出版企画が採用になると、メールで通達が来ることがほとんどです。またそのときに、すぐに出版契約書を結ばないのが出版業界の慣行上のルールとなっています。

しかし、いったんメールエビデンスが残っていますし、出版社側によほどの事情がないかぎり、ここから出版が取り消しになることはまずありません。もちろん著者が一定のクオリティに達している原稿を提出できなかった場合は、出版取り消しになるケースもありますが、筆力や執筆時間捻出に自信がない方は、出版プロデュース（サポート）会社の力を借りれば、この点の心配は不要となります。

出版権設定契約書ヒナ型１（紙媒体・電子出版一括設定用）一般社団法人 日本書籍出版協会作成 2017

https://www.jbpa.or.jp/publication/contract.html

# 出版契約書

出版契約では収入印紙は不要

著作物名＿＿＿＿＿＿＿＿＿＿＿＿

著作者名＿＿＿＿＿＿＿＿＿＿＿＿

著作権者名＿＿＿＿＿＿＿＿＿＿＿

＿＿＿＿＿＿＿＿（以下「甲」という）と＿＿＿＿＿＿＿＿（以下「乙」という）とは、上記著作物(以下「本著作物」という)に係る出版その他の利用等につき、以下のとおり合意する。

＿＿＿＿年＿＿月＿＿日

甲（著作権者）

住　所

氏　名　　　　　　　　　　　　　印

著者

乙（出版権者）

住　所

氏　名　　　　　　　　　　　　　印

出版社

---

**第１条（出版権の設定）**

（１）　甲は、本著作物の出版権を乙に対して設定する。

（２）　乙は、本著作物に関し、日本を含むすべての国と地域において、第２条第１項第１号から第３号までに記載の行為を行う権利を専有する。

（３）　甲は、乙が本著作物の出版権の設定を登録することを承諾する。

**第２条（出版権の内容）**

（１）　出版権の内容は、以下の第１号から第３号までのとおりとする。なお、以下の第１号から第３号までの方法により本著作物を利用することを「出版利用」といい、出版利用を目的とする本著作物の複製物を「本出版物」という。

①　紙媒体出版物（オンデマンド出版を含む）として複製し、頒布すること

②　DVD-ROM、メモリーカード等の電子媒体（将来開発されるいかなる技術によるものをも含む）に記録したパッケージ型電子出版物として複製し、頒布すること

③　電子出版物として複製し、インターネット等を利用し公衆に送信すること（本著作物のデータをダウンロード配信すること、ストリーミング配信等で閲覧させること、および単独で、または他の著作物と共にデータベースに格納し検索・閲覧に供することを含むが、これらに限られない）

（２）　前項第２号および第３号の利用においては、電子化にあたって必要となる加工・改変等を行うこと、見出し・キーワード等を付加すること、プリントアウトを可能とすること、および自動音声読み上げ機能による音声化利用を含むものとする。

（３）　甲は、第１項（第１号についてはオンデマンド出版の場合に限る）の利用に関し、乙が第三者に対し、再許諾することを承諾する。

**※一般的な出版契約書のひな型１頁目です。**
**※以下条項が４頁にわたり、１枚用紙（A3・二つ折り）となります。**
**※各出版社ごとに特記事項があり、信義則の範囲で決められます。**

**第 20 条（秘密保持）**

甲および乙は、本契約の締結・履行の過程で知り得た相手方の情報を、第三者に漏洩してはならない。

**第 21 条（個人情報の取扱い）**

（1） 乙は、本契約の締結過程および出版業務において知り得た個人情報について、個人情報保護法（個人情報の保護に関する法律）の趣旨に則って取扱う。なお、出版に付随する業務目的で甲の個人情報を利用する場合は、あらかじめ甲の承諾を得ることとする。

（2） 甲は、乙が本出版物の製作・宣伝・販売等を行うために必要な情報（出版権・書誌情報の公開を含む）を自ら利用し、または第三者に提供することを認める。ただし、著作者の肖像・経歴等の利用については、甲乙協議のうえその取扱いを決定する。

**第 22 条（契約内容の変更）**

本契約の内容について、追加、削除その他変更の必要が生じても、甲乙間の書面による合意がない限りは、その効力を生じない。

**第 23 条（契約の尊重）**

甲乙双方は、本契約を尊重し、解釈を異にしたとき、または本契約に定めのない事項については、誠意をもって協議し、その解決にあたる。

**第 24 条（著作権等の侵害に対する対応）**

第三者により本著作物の著作権が侵害された場合、または本契約に基づく甲または乙の権利が侵害された場合には、甲乙は協力して合理的な範囲で適切な方法により、これに対処する。

**第 25 条（特約条項）**

本契約書に定める条項以外の特約は、別途特約条項に定めるとおりとする。

**（別掲）著作物利用料等について**

| 著作物利用料 | 部数等の報告、支払方法およびその時期 |
|---|---|
| 本出版物について<br>実売部数1部ごとに<br><br>保証部数　　　　　部<br><br>保証金額　　　　　円 | 保証金の支払いについて<br><br><br>保証分を超えた分の支払いについて |
| 本出版物について<br>発行部数1部ごとに | |
| 電子出版について | |
| 第6条の利用について<br>乙への本著作物に係る入金額の | |
| | |

以上

※一般的な出版契約書のひな型4頁目です。

※印税率（初版・重版）、実売印税または印刷部数印税、印税支払い日、初版発行部数、書籍の価格、電子書籍に関する条件などが重要確認事項です。

# はじめてでも迷わない！<br>本の書き方・つくり方

## 3-1 自分目線ではなく相手目線で書く

前述したように、読者がビジネス書、実用書を読む理由は「売上を上げるため、人材を集めるため、戦略を立てるため」など、ビジネスの目標達成のためでした。

読者が知りたいのは、著者の自伝ではなく、価値のあるノウハウだけ！
主導権はあくまでも読者にある――このこともお伝えしました。

しつこいようですが、どこまで言ってもビジネス書・実用書は**再現性のあるセオリーが、具体的に伝わるように書かなければなりません。**

そのため「視座の転換」が必要になります。

**「私は～しました」「そのときは～でした」ではなく、読者に対し「あなたは～してください」「そうすると～することができます」という「アドバイス」的な書き方が本文でも必要になるということでした。**

自らの経験だけを長々と書き綴ってはダメ。

もちろん事例として体験や経験は書く必要がありますが、それが中心、あるいはそれ“だけ”になると、ただの日記になってしまうのです。

### 著名人や卓越した成果のある企業は自伝も許される

ただし、先述のように例外もあります。それは著名人や有名な経営者の著書です。あるいは驚くほどの成果をあげた企業です。驚くほどの成果とは「創業から数年で数百億円の売上を達成した」「メディア報道で誰もが知る“あの会社」、「あの商品を開発した会社」などです。

その場合は、読者が著者の足跡や主張を読んでみたいと思うはずです。取材が殺到するぐらい圧倒的なニュース性のある会社もしかり。

しかし、そうではない企業がほとんどなので、相手目線で書くことが求められるのです。

「そう言われても、自分の経験してきたことしか書けない」そんな方もいます。

ですが、**経験やうまくいくやり方を再現性のある方法論になんとか変換する。その訓練に挑戦してみて欲しいのです。**そういった思考回路を養うことは、自らの経営手法やビジネススキルを棚卸しして、ブラッシュアップしたり、あるいは改善する機会ともなります。

また、後進の育成のための戦略マニュアル、業務マニュアル作成のスキルともなり、インナーブランディングにもつながります。

また、相手目線に立っての言語表現は、クレバーな経営者・ビジネスマンとしての印象付けにもとても効果的です。

「この人は自分が見えているな、相手も見えているな」

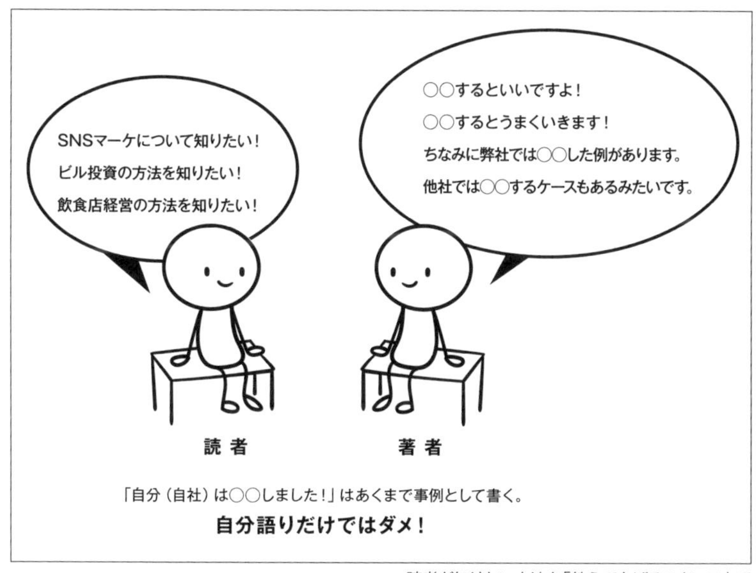


読者が知りたい方法を「教えてあげるスタンス」で！

そんな印象を与えることができるのです。

このような相手目線の原稿を書くためのコツがあります。

**「その文章を読むであろう人を具体的に想像して書く」ことです。「自分、自分、自分」ではなく「相手の目線、思考に寄り添い再現性第一主義で書く、語る」こと。**

そして、当然ながら読み手によって理解しやすい表現に変えることが大切です。

## 3-2 S+PREP法なら誰でも一流の文章が書ける!

「ああ、原稿を書かなきゃならない。嫌だなぁ……」

いざ机の前に座ったものの、書くことのプレッシャーに襲われ原稿が進まない!

小中学校時代の作文の時間を思い出し、考えるだけで憂うつになってしまう・・・

このようなことは誰にでもあることです。

ですが、安心してください。

**ビジネス書や実用書では名文を書く必要はありません。極端なことを言えば、セオリーや手法、テクニックが相手に伝わればそれで良いのです。**

ここでは、誰でも「わかりやすい文章」を苦しまずに書く方法を紹介します。それが「S+PREP法」という型です。「S+PREP法」は次の5つの頭文字をとったものです。

**①Situation:状況・寄添い(こんなときがありますね。○○と感じますね)**

**②Point:結論・結果(こうしましょう!するとこうなります!)**

**③Reason:理由(結果に至る理由)**

**④Example:事例(理由に説得力をもたせるための事例・データ・状況)**

**⑤Point:要点(結論・結果)・・・②の要約**

**これは、多くのビジネス書、実用書の編集者が著者に求める書き方の基本です。著者に「こういう構成で書いてください」、あるいは取材のときに「このように喋ってください」と希望する編集者やライター、出版サポーターもいます。この形で書くと各段に読者に伝わりやすいからです。**

「うーん、頭では理解できるけど、実際にやれと言われるとモヤっとする」

そのような方も安心してください。

このまま読み進めながら、ワークにお付き合いいただくだけで、「わかりやすい」「つたわりやすい」文章が書けるようにもなります。

ブックライターに書いてもらう場合でも、取材の前に、明確に話せるようにもなります。

仮に「**会社の組織が前向きに動き出す方法**」という書籍を書くとします。読者ターゲットは「**部下がやる気を出してくれなくて悩んでいる上長**」です。ここで書籍の中の「**部下がやる気になる〝目的一致の法則〟**」という項目を書くとしましょう。

**▶書籍タイトル：会社の組織が前向きに動き出す方法**

**▶執筆項目名：部下がやる気になる〝目的一致の法則〟**

まず、**①Situation：状況・寄添い（こんなときがありますね。○○と感じますね）**から書き出します。

**読者に寄り添う「共感文」を書くことで、読者の心を解きほぐす効果があります。**

①Situation：状況・寄添い（こんなときがありますね。○○と感じますね）

▶会社のメンバーがやる気を出してくれない」「指示されたこともやらない」「言い訳ばかりする」「数字が上がらない」チームのメンバーに対して、そんなふうに感じることはありませんか？ ……………………………… **状況**

▶上長としてはやきもきして、ついイライラしたり、パワハラ的な言葉を口にしそうになってしまうことがありますよね。…………………………… **寄り添い**

▶きつく注意するわけにはいかないし、かといって優しくするだけでは動かない。その板挟みで困っている方も多いのではないかと思います。 …… **寄り添い**

このように、まずは「シチュエーション」を提示し、「わたしはあなたに共感してますよ」「その気持ち、わかりますよ～」と、読者の心に寄り添うのです。

こうすることで、読者は心を開いてくれます。

いきなり本題に入らずに、まずは「シチュエーション」に寄り添う。これにより読者からのエンゲージが各段に高まります。

そして、次に②**Point：結論・結果（こうしましょう！するとこうなります！）**を端的に書きます。

### ②Point：結論・結果（こうしましょう！するとこうなります！）

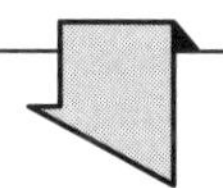

▶そんなときは、「あなたは、どんな人生を歩みたいのですか？　理想の人生を教えて欲しい」と聞いてみましょう。…………………………………………… 結論

▶このようにメンバーの人生の目標を聞くことで、組織は勝手に良い方向に回り始めます。 ………………………………………………………………… 結果

ここでのポイントは**「組織は勝手に良い方向に回り始めます」と先に"幸福な未来を断言"してしまうことです。勇気がいる表現ですが、ここも相手目線！読者は早く結論が知りたいし、言い切ってほしいのです（すごく大事！）。**

読者はここで「なぜ？」「どうしてそんなことが言えるんだ？」と食い入るように理由を知ろうとします。

このように、読者を前傾姿勢、前のめりにしたうえで、**③Reason：理由（結果に至る理由）**を展開しましょう。

**ここは専門家として、やや長めにこってりとその理由を説明してください。説明が少なかったり、浅いと専門性や経験値を問われ信頼性が損なわれるので、フルスイングで書く、あるいは話すことが重要です（これもとてもとても重要です）。ここは、ふんわり、あっさり、うわべだけを書いては絶対にダメ！ とても大切な部分なのです。**

文章にするとこんな感じです。

### ③Reason：理由（結果に至る理由）

なぜ、そんなことが言えるのでしょうか？

人にはそれぞれ願望や人生の理想があり、人間はそれを叶えるために生きています。人生の願望を叶えるためなら、人間は高いモチベーションで能動的に動きます。

この会社で働くことで、その目標は叶い、自分の理想の人生に近づいていく…そう部下に思ってもらうことで、メンバーは意欲的に動き始めるのです。

たとえば、「困っている人、苦しんでいる人を助け続けたい」という理想を抱くメンバーであれば、「自社の商品・サービスは人の笑顔をつくり、人の悲しみを癒やすためにある」と1対1で確認しあうのです。

それぞれの人生の目標と自社のパーパスやビジョン、商品・サービスと会社の仕事の共通項を見つけ、それを言葉で確認し合うことで、組織と個人の目標の一致がなされます。それによって、メンバーは前向きに働く動機を強く心に刻み、主体的に動き始めるでしょう。

いかがでしょうか？ 確かにそうかも・・・と説得されてしまいませんか？

### 注：ここが浅いと逆ブランディングになる！

余談ですが、**著者企業がブックライターに執筆依頼を希望する際は、私共はすべての取材に立ちあいます。それは「Reason：理由（結果に至る理由）」をしっかりと著者企業から“聞ききる”ためです。ここが深く書ければ、読者が再現しや**

**すい良書となりますが、深く聞き出せなければ浅い本となり、出版起点ブランディングの効果が薄まってしまうからです。**

**著者（企業）に「③理由（結論に至った理由・そう主張する理由）」をしっかり準備をしてもらい、取材の際も、不明瞭な部分がないように、しっかり深堀りして聞ききるようにしています。**

**著者企業からネタが出ないときは、取材を中断し「理由（結論に至った理由・そう主張する理由）」を著者（企業）に考えて貰ったり、一緒にネタの引き出しを開ける時間に切り替えていきます。**

続いては**④Example：事例（理由に説得力をもたせるための事例・データ・状況）**です。

**文章にさらに説得力をもたせるために、事例を提示します。**

**事例を書くことで平面的論理が、一気に"立体化"します。**

単なる理論だけでは読者は「ほんとか？」と疑います。ですが、事例があることで、一気に信頼性を高め、感情に深く刻むことができるのです。

**Example：具体例（理由に説得力をもたせるための事例・データ・状況）**を文章にするとこうなります。

④Example：事例（理由に説得力をもたせるための事例・データ・状況）

人材コンサルティング会社に勤めるAさん（42歳男性、チームリーダー）。体育会系気質で、厳しくメンバーを叱咤激励するマネジメントをしていました。部下は恐怖からいったんは動くのですが、やがてやらされ感を感じ、行動を止めてしまいます。数字が達成しないばかりか、閉塞感漂う雰囲気の部署になっていて、退職者も後を絶ちません。

そこでAさんは、各メンバーに人生の目標を聞いてみました。「家族と楽しく過ごす人生を送りたい」「いつか独立して起業したい」などいろいろな声がありました。

Aさんはそれぞれの目標と、会社の商品・サービスや仕事によって実現できる接点を見つけて、それを言葉にしてメンバーとじっくり確かめ合いました。

それをきっかけに、それぞれが自分と会社の目標達成のために自発的に動きはじめ、チームは明るく前向きになり、6か月後には売上が1.3倍になりました。

いかがですか？「それ、ほんとか？」の疑いが消え、実際の映像が浮かび、感情に刻まれませんでしたか？

さあ、次はいよいよ最後のブロックです！

**⑤Point：要点（結論・結果）・・・②の要約。**これは簡単！②で述べた要点をもう一度短く言い切ります。文章にするとこんな感じです。

⑤Point：要点（結論・結果）・・・②の要約

　このように組織のメンバーが前向きに動き出す状態をつくりたければ、自社の商品・サービス、組織が生み出すベネフィットと、メンバーそれぞれの人生の目標との接点を見つけて言語化することが必要です。
　そうすることによって、メンバー自身の内側からモチベーションが湧き上がり、チーム全体が活性化していきます。おのずと結果もついてくるのです。

　このように、S+PREP法に当てはめて書くことで、自分の言いたいことが整理され、無駄なく読者に伝わりやすくなります。

## さあ、今すぐ書いてみよう！

**▶まずは、執筆すタイトル(目次)を決める!**

【セオリータイトル(目次)】

(　　　　　　)が(　　　　　　)になるたった1つの方法

**▶①Situation:状況・寄添い(こんなときがありますね。○○と感じますね)**

(　　　　　　)なときがありませんか?　そのようなときは、

思わず(　　　　　　)な気持ちになってしまうものですね。

※ポイント: 状況を固定。そのあとは、相手の身になって感情共感する。

**▶②Point:結論・結果(こうしましょう!するとこうなります!)**

このようなときは(　　　　　　)してみてください。

それにより(　　　　　　)という結果を得ることができるはずです。

※ポイント: 思い切って大胆に言い切る!

**▶③Reason:理由(結果に至る理由)**

なぜそんな結果が得られるのか? それは(　　　　　　)だからです。

※ポイント:しっかりと、しつこく、丁寧に「これでもか!」と理由を書く!

**▶④Example:事例(理由に説得力をもたせるための事例・データ・状況)**

○○会社の○○社長は(　　　)することで(　　　)できるようになりました。

(　　　)さんは(　　　)をすることで(　　　)を実現しました。

※ポイント:練習なので作り話でもおおいにOK!いろいろな人の話を合体させて1つの事例にする。

**▶⑤Point:要点(結論・結果)…②の要約**

(　　　　　)なときは(　　　　　)してみてください。(　　　　　)になり、

よい結果が得られるはずです。

※まとめる

※WORD形式で自由自在に書き換えられるS+PREPシートを、巻末の「読者無料特典」でプレゼントしています! ダウンロードして活用ください。

## 3-3 書けなくなったら話してみる

さて、またまた質問です。

あなたは文章を書くのが得意でしょうか？

ここで自信をもって「得意です」と言える方はこの項目は飛ばし読みしてください。そうでない方だけ、このまま読み進めてください。

多くの方が本や連載記事、ブログなどを書くことに不安を抱えています。7割8割の人はむしろ「文章を書くのは苦手」と感じていると言ってもいいでしょう。

「よし、書くぞ！」と思って机に向かっても、すぐにネタに詰まってパソコンに置いた指が動かなくなることは誰でも日常茶飯事。自分の書いた文章を読んで自己嫌悪に陥ってしまうことだってあります。

ですが、どうか落ち込まないでください。

**多くの書籍を出版し、執筆には慣れているような人でも、書けないときはどう頑張っても書けない！それは人類、ほぼ共通だからです。**

晴れの日ばかりではなく雨の日もあるように、また誰でも風邪をひくように、書けない日というのが必ず訪れます。

**そんなときにいちばん効果的なのは「話してみる」ということです。**

話すことも言葉によるアウトプットです。思っていることを声で表現するのは、無意識に文章のトレーニングにもなるのです。

**執筆機能が下がっているときは、会話機能にエネルギーの使い道を切り替えたほうがよいということです。**

## 話すときもS+PREP法を活用！　～トークライティングは楽しい！～

その場合も前述したS+PREP法を意識して、思っていることを口に出してみましょう。自分の出した声に引っ張られて、文字化することができるようになります。

**スマホやパソコンにAI音声認識によって音声データを文字に変換してくれる便利な機能が搭載されています。それらのアプリやソフトを開いてS+PREP法で話してみる。すると、自分の話したことがそのまま文字に変換されます。こうした自動文字起こし機能はまだ不完全ですが、適宜修正を加えていけば、驚くほどのスピードで文章が完成します。**

少々マニアックですが、散歩しながら、小声で話して録音するというのも効果的な方法です。歩くリズムと全身を巡る血流効果でリズムよく文章を口述自動筆記してもよいでしょう。

あくまで小声で…そして、怪しまれないように（笑）

**「ああ、書けない……」と机に向かって唸りながら、固まった心と身体で文章をひねり出すよりも、“お散歩トークライティング法”は何倍も効果的。効率的に質の高い原稿を書くことができます。**ぜひ試してみてください。

## 必ず書ける! 体力・メンタルコントロールのコツ

著者、執筆者はアスリートのようなものです。身体と精神のコンディションが整っていないと、質の良い文章を紡ぎ出すことができません。眠いときは全く書けませんし、体調が悪いときはパソコンの画面を見るのも苦痛でしょう。ですから、まずは書く前に身体と心のコンディションを整えておくことが大切です。

自分はどういうときに、フィジカル&メンタルのコンディションが最善なのか? それを知っておきましょう。ちなみに、一般的には朝起きた直後に集中力が充実しているという人が少なくありません。睡眠によって疲れがとれて、頭がクリアに冴えているからです。その状態でパソコンに向かえば、文章がすらすらと出てきます。**経験上、朝4時か5時に起きて1時間執筆するときの作業効率は、夜、眠いときの3倍〜5倍にもなります。ただ、夜でなければ書けないという人も少数派ながらいます。**そこは自身のタイプやコンディションと相談してください。

### 執筆は環境が9割

ここでちょっと変わったセオリーをご紹介します。

それは、「執筆は環境が9割」ということです。

「どこで書くか?」ということに執筆の効率は大きく左右されるのです。

自宅で書く方が調子が良いときもあれば、カフェの喧騒で書く方が捗ることもあります。ノートにネタ出しをするときはビーチが最適だったりします。

**とても不思議なことですが、執筆場所を変えることで発想や視点が変わり、**

**それに伴い文章の質や量も変化するのです。**

自分にとってベストな場所を探す。これがとても大切です。

ベストポイントが見つかったときは、自分だけの秘密基地を見つけたような気持ちになります。

少し変わったところでは、新幹線や電車のなかもおすすめです。

到着までの時間が限られていることから、「その時間内でなんとかしよう！」と前向きなプレッシャーがかかり、執筆が進むからです。

車内の音や光、人の声などいろいろな情報が入ってきて脳が刺激されることも、執筆にプラスに働く場合があります。**もちろん周囲の音が気になって集中できない場合は、イヤホンをして音楽を聴きながらの執筆がおススメです。**

ここまでのお話で「書くためには交通機関を使って移動しなければならないの？」と思うかもしれませんが、そんなことはありません。もちろん自宅でもよいのです。部屋のなかで少しだけ場所を移動するだけでも、気分転換になります。

## 3-5 なぜ1日1時間ずつ書くのがベストなのか？

本を書くというと、締切前夜に徹夜して書き上げ、「終わった！　書けた！」と解放感に浸るシーンが思い浮かぶかもしれません。

ですが、残念ながらこれはあまりオススメできません。

それは文章の質が圧倒的に下がるからです。

よい文章を書くためには、計画的に1日1時間ずつでよいので、計画的に書き進めていくことが重要です。人間、追い込まれて焦ると思考力や創造力が低下し、文章の質も下がっていきます。執筆に“火事場の馬鹿力”が発揮されるのはごく稀です。

1日1時間では少なすぎるのではないか？　と思うかもしれません。そこがポイントなのです。1時間で終わらせると、「もっと書きたいのに…」という気持ちが湧きあがります。それが翌日の執筆へのモチベーションになるのです。このように、「まだまだ書けるのに…」という状態をつくるのがコツ。その理由は、自分の頭のなかに、「本を書くのは楽勝だ！」という感情記憶が刷り込まれるからです。

「もうちょっと書きたい」というところで止めておく。それが執筆を継続するためのテクニックのひとつです。

1日1時間の執筆が重要な理由はもうひとつあります。

たいていの方は職業作家ではなく、経営者やチームリーダーなど、ビジネスの現場で重要なポジションで仕事をしているはずです。本職があるのですから、執筆で疲弊したのでは本末転倒です。自筆の場合はできれば、60日で1冊書く、80日で1冊書くといったスケジュールを想定し、心地よい状態で毎日書き続けるようにしましょう。

## 執筆で疲弊しては本末転倒

それでも、締切が間際になり、ペースアップが必要になることもあります。

そんなときは「疲れた脳に効く10分×4回の睡眠」を実践しましょう。たった10分眠っただけでも脳にはエネルギーがチャージされます。

1時間書いて疲れたら、10分間の仮眠をとります。すると驚くほどスッキリします。そして、執筆を再開する。疲れたらまた10分睡眠。これを繰り返していくと脳がリカバリーされ続け、やりきることができるのです。

どうしても締切に間に合いそうもないときは、ぜひ試してみてください。

繰り返しますが、"一気書き" は一気食い、と同じように苦しく、体にも悪いのです。その苦痛を味わってしまうと、「もう二度と本なんか書きたくない」となってしまいます。執筆計画を立てて、余裕の「1日1時間執筆」を継続しましょう。

## 3-6 締切超過は2週間前にアラートを！

締切は必ず守る。もちろん、それが基本です。

しかし、さまざまな事情で、どうしても間に合わないこともあります。そんなときは、報連相をぎりぎりまで引っ張らないことです。

締切を超過しそうな場合は、2週間前に編集部にアラートを入れる。

これで乗り切りましょう。

どう考えても間に合いそうもない状況が読めているにもかかわらず、「悪いなあ……」と思いながら、ぎりぎり前日になって申し出るのはダメ！

これは出版社にとって、もっと迷惑なことです。

恥ずかしながら私自身、過去にこれをやってしまい、出版社に迷惑をかけたことがあります。なかなか連絡する勇気が湧かない・・・

その気持ちは、すごくわかるのですが、ここは勇気を出して、2週間前に、「すみませんが、締切を1週間延ばして頂けないですか？」と連絡するようにしましょう。

**早めに状況がわかれば、そのほうが編集部としても制作計画が立てやすくなります。本づくりには編集者やデザイナー、校正者などさまざまな人がかかわっています。**

**そうしたスタッフに迷惑をかけないように、締切が超過しそうなら、2週間前に**

アラートを入れる。それが最低限のルールであり、欠かせない礼儀でもあります。

## 3-7 書けないと思ったらブックライターの力を借りる

多忙な経営者やビジネスエグゼクティブの方々が、最も効率よく、疲弊せずに書籍をつくる方法があります。結論から言うと、それは**ビジネス書専門のブックライターの力を借りるということです。**

自力で慣れない執筆に挑戦してみたものの、コツが掴めずに、わかりにくい文章になってしまうこともあります。

また、突然本業が忙しくなり、執筆時間が捻出できなくなることもあります。

ある社長は、初の著書の出版企画が出版社に採用され、「自分で書く!」と、執筆を始めました。

しかし、その結果は泥沼でした。締め切りが2か月遅れた挙句、文章の質が低かったことから「大変、言いずらいのですが、これでは売り物の本にはなりません。書き直しが必要ですね。」と編集部から差し戻しがありました。

本業の時間が執筆にとられていたことから、社員からは「最近、電話やメールのレスも遅いですね」とチクリ。

こうなると、もう一度、原稿の大幅修正をするどころではありません。

**自分もそうなりそうだな・・・そう思ったら、本格的に書き始める前に、なるべく早く「ブックライターの力」を借りる決断をしましょう。本業に向ける時間も体力が削られないだけでなく。文章の質も上がり、いいことづくめ。ちょっとした投資で、執筆の技術と時間を買い、効率よく書籍をつくることができます。**

# 3-8 ふんわりと話しても良い書籍はできない

「ブックライターにざっくり話したら、あとは書くプロとして話を引き延ばして本にしてくれるんでしょ?」

ブックライターに取材してもらい、文章化してもらうことを上記のように誤解する人は多いものです。ですが、実際は全く違います。

**繰り返しになりますが、セオリーやロジックをS+PREP法でブックライターに明確に考えることが必須になります(超重要)。**

**ブックライターに対し、抽象的に話したり、なんとなく自社の仕事や出来事などを話すだけでは、商業出版の書籍にはならないのです。**

自分の頭の中にあるロジックや事例を明確にブックライターに伝えることが必須。ブックライターの役目はそれをわかりやすく表現するのみとなります。ここでも、さきほど訓練したS+PREP法がおおいに役立ちます。

## S+PREP法で話すことを事前にメモにしておく

ブックライターに取材をしてもらうときは、何を話すかをあらかじめセオリー化しておくことが大事です。1つの目次につき6～7分間で話す。これが本づくりが成功するかどうかの分かれ目です。

長時間ダラダラ喋っても、中身がなければ、読者には刺さりません。あるいは、出版社側から「再現性があるロジックがないので書き直しをお願いします」と指示されることもあります。

サポートする側にも限界がありますし、最悪の場合、プロジェクトが中断してしまうこともあり、それは大きな機会損失です。

**書籍づくりの際、著者はリングに立つボクサーに例えられます。**

**試合に出るボクサー本人が、セコンドやトレーナーに人任せにしていてはダメ。自らがリングに上がり、闘う気持ちで臨まなければ、うまくいかないのです。**

厳しいことを言うようですが、こうした著者自身のマインドセットができていない場合、商業出版で書籍を出そうと考えるのは時期尚早と言えます。

## それでも1～2割は自分テイストに書き換える

ブックライターが書いた文章は、他人の書いた文章です。いかに、プロのブックライターでも、最初から100％著者（依頼者）が期待した文章を書くのは難しいもの。必ず、著者が表現に修正を加えることが必要になります。

具体的にどのように進めれば良いのでしょうか？

文章執筆をブックライターに依頼する場合、1回1時間ほどの取材を10回くらいおこなって書いてもらった文章は、次のように、1章づつ修正します。

**▶まず、サンプル原稿を1本だけブックライターから貰う。**
**▶トーンを確認し、オンラインMTGで文章を投影しながらトーンの調整依頼をする。（強く、弱く、優しく、～だ。～である。などの調整依頼）**
**▶次に1章分すべてブックライターから原稿を貰う。**
**▶ロジックや語尾を修正。**
**▶これを1章づつ2章以降も進める。**
**▶1章づつ出版社に提出する。**

このように進めることで事故を防ぐことができます。

弊社も含め、世の中にはこうしたブックライティングを含めた一式を行うサービスが多数ありますので、比較活用しながら書籍をつくっていただければと思います。

## 3-9 ブックライター依頼で“事故らない”ために

「ブックライターに話して執筆してもらうのは効率的だ。でも、やっぱり、うまく話せるか自信がない･･･」そんな不安を抱く方もいます。

たしかに、実際の取材現場では「わかりやすくセオリーを説明できる著者」と「苦戦する著者」がいます。

読者に明確にセオリーを提示し、論理的に述べることができる著者の場合、取材がスムーズに進み、本業の合間に、2時間×6回、あるいは1時間×8〜10回の取材で本1冊分の情報を十分に得ることができます。

一方、話があちこちに飛んだり、自分の体験を話すばかりの著者の場合、長時間の取材をしても採れ高が少ない場合があります。結果、読者が再現できるセオリーが少なく、書籍としてスカスカの仕上がりにになってしまうこともあるのです。

この時に、“ある事故”が起きます。

**話した側（著者）は「たくさん話したつもり」になって「これで本ができる！」と満足しています。ですが、いざ、文章にしてみると、とりとめのない話が延々と続き、とうてい売り物とは程遠い文章となってしまうのです。**

**ブックライターは少ない取れ高から、よかれと思って原稿を想像制作します。しかし、それが著者の考えと一致しないことが多いのです。ここで二次災害が発生します。**

**「こんなこと言っていない！」**

**著者は怒り、ブックライターはドツボにはまります。**

ブックライターやサポート陣は要点をまとめて文章化することは行いますが、著者が話してないことを文章にすることはそもそも不可能なのです。

結果的に、

> **著者「ライターの腕が悪いなぁ！」**
>
> **ブックライター「ちゃんと最初から準備して、セオリーをしっかり話してくれよ」**

といった"ねじれ事故"が生じます。

このとき著者側はライターやサポート側の質が悪いとか、技術がないと言います。しかし、著者がロジックを言語化せず、本のコンテンツになりうるような話をしないことにより、このような事故は発生してしまうことがよくあるのです。

## 「ブックライターがダメだ！」という前にきちんと話せているか？

ブックライターのせいにばかりせず、自分がちゃんと話せているのか？話せるように取材前に最低30分は話題の準備ができているか？それを振り返り、正すことも、よい書籍づくりには必要なポイント言えるのです。

どこまで言っても、ブックライターに対し、読者が再現できるセオリーをS+PREP法で考え、話せることが超重要ということですね。

最後に例外もお話しておきましょう。ブックライター側に問題がある場合です。ブックライターが著者のペースに流され過ぎて、著者が関係ない話をしても引き戻せない「気弱すぎる」ケース。あるいはブックライターがビジネスのしくみを解しない、あまりにもビジネスに疎い場合は、ブックライター側、サポート側の責任になることは言うまでもありません。

出版起点ブランディングの現場でよくある"ねじれ事故"

# マインドセット

## 著者・文化人になる7つの心構え

## 4-1 ノウハウを惜しみなく公開するべき理由とは？

　書籍をつくる際に、「ノウハウをどこまで公開すべきなのか？」という質問が寄せられます。

　答えを言いますと、**書籍を作る場合は「基本的にはほとんど公開（の姿勢）」が前提です。社内秘などにあたる一部を除ぎ、7〜8割方は公開すべきということが言えます。**

　商業出版の書籍の場合、読者が自分でノウハウを実践できるクオリティまで仕上げる必要があります。読者が実際に自分のビジネスに役立てることができるからこそ、書籍は商品として成り立つからです。

「自社のノウハウで読者に仕事をされてしまったら、仕事が来なくなってしまい意味がないのでは？」

　そうした疑念を持つかもしれませんが、その心配はおおむね不要です。

　**ノウハウを全公開したとしても、全員が書籍に書いてあることを達成できるとは限りません。もちろん、自分たちでできてしまう方もいますが、多くの方は、一部において何らかのサポートを必要とするのです。そのときに、著者の会社に相談が持ちかけられ、そこから新規のビジネスに発展していくことがよくあります。**

　たとえば不動産仲介業の会社であれば得する不動産投資及び経営法を解説し、スポーツジムのチェーン店であればオリジナルのダイエット法、英会話学校であれば英会話が上達する方法、マーケティング会社であれば売上や知名度を効率的に上げるノウハウをしっかりと解説します。

　企業や個人から「できない部分をサポートしてほしい」と問い合わせがあったときは、対価をいただいて正当に商品・サービスを提供すればよいのです。

## 失敗体験をさらけ出すべきたった1つの理由

書籍のなかには、読者のメリットになる再現性のあるセオリーやノウハウを書くと何度もお伝えしてきました。

そのほかにもう一つ大切なことがあります。

**それは、あえて自社、自分、他社の「どん底」「失敗談」そして「起死回生話」を公開するということです。**読者は成功話だけでなく「うまくいかなかったこと」や「失敗の体験」にも強い興味を持ちます。誰もが"失敗を避けたい"ですし、厳しい状況から這い上がりたいと思っています。読者はそれらに"こそ"強い興味を抱きます。

たとえば、売上が上がらなかったときや倒産の危機に見舞われたときに、どのような感情を抱いたか、そしてどんな思考でそれを乗り越えたかを、自社事例だけでなく、一般的に知られている他社事例なども記載します。

ピンチに直面したときの「谷」を書き、そこをどう打開してきたかも伝える。これらは読者が知りたい重要なノウハウです。

「非常識社長業」(ぱる出版)の著者、㈱新杵堂(和菓子製造販売)の田口和寿社長は、起業前の苦労話として「ニューヨークの公園でホームレス生活をしながらスイーツ職人の修行をした」などの体験談を公開。その〝あきらめない姿勢"に多くの読者ファンがつき、新規の取引を数多く獲得しました。

どん底の体験を盛り込み、起死回生した話を書くことで、読者の感情が動き、**「同志」のような信頼関係が結ばれ、著者が所属する企業へのエンゲージメントが高まるのです。読者に"人間的な情愛"を抱いていただくことも書籍を出す際の重要なポイントになります。**

とくに書籍の後半章や、あとがきは、自分や会社に起こったストーリーを書いても歓迎される数少ないパートの1つです。世の中にはそうした内容を書くことで、読者と良い関係を結んでいる著者が多く存在しています。

## 4-3 書籍出版とは著者文化人になるということ

本書でいう「出版」の定義は、実費出版や趣味の書籍印刷物の制作・配布とは異なり、売り物の本として全国の書店やAmazon、楽天市場などで売るということでした。

それはイコール、公人になるということでもあります。

会社の経営者も広義では公人ですが、著者文化人になると書籍そのものがメディアですし、そこから派生してビジネス系のWebメディアなどで連載したり、インタビューを受けたり、ラジオ・テレビへの出演につながることもあります。企業や団体から講演依頼が来ることもあるでしょう。もちろん、著者側から広く仕掛けていかないとメディア露出は広がりませんが、本を出しただけでさまざまな依頼が舞い込む場合もあります。

### 著者は組織を背負った文化人

そこで重要になってくるのが、著者文化人としての「あり方」です。

著者文化人のど真ん中にあるのは、やはり有用な情報をお伝えするというサービス精神とホスピタリティです。

「私は芸能人でもないし、講演家でもないし、そんなことは…」と思うかもしれません。

ですが、出版した時点で、世の中に価値ある情報を発信する存在になります。

培ってきた知識や経験、努力が広くあまねく人々の役に立ち、面と向かって何らかの反応を得ることができる――1章の冒頭でもお話ししましたが、これは本業では得られない承認欲求を満たすことができる体験の始まりとも言えます。

同時に責任も発生するので、普段の発言や行動には注意する必要があります。

**著者は職業としての著者文化人ではなく、企業という組織あるいはチームを背負っています。もちろん個人の著者文化人としての発言が世の中に広がることで、それが会社のビジネスにとってもプラスに働きます。**

しかし、逆にそれがネガティブに広がれば、ビジネスの足を引っ張ることにもなります。

世の中を見回すと、テレビに出たり、本を出したり、Webメディアや雑誌・新聞などに寄稿している経営者やビジネスマンが大勢います。彼らと同様、「社会貢献意識を持って活動する責務と喜び」の両方を手にすることができるのです。

## 4-4 出版社は「下請けの印刷会社」ではない

残念なことですが、著者のなかには、出版社を単なる「下請けの印刷会社」と勘違いしてしまう人もいます。そのような著者（企業）には、たとえ弊社のクライアント企業であっても、あり方の改善を強く要請しています。

出版社は書籍を企画し、制作し、印刷し、流通させるという一連のプロセスを担う「出版の事業主体」です。市場のニーズを理解したうえで、効果的なコンテンツを制作し、売れる本をつくるための戦略を立てる複雑な作業もおこないます。出版社はそのための中心的な役割を果たしており、その書籍が市場で受け入れられるかどうかの大きな責任を負っています。

**商業出版の場合、書籍のタイトル、内容、デザインなどについての最終決定権は出版社にあります。出版社は書籍の編集権利を持ち、クオリティを担保する責任と権利を有しているのです。**

当然ながら、単に著者の意向を反映させるだけでは本は売れません。読者のニーズに応え、書籍の価値を最大化しなければいけないのです。出版社は、そのための豊富な専門知識と経験を持っている存在と言えます。

## 商業出版の著者は出版社にとってお客様ではない

出版起点ブランディングにおいて、経営者やビジネスマンである著者と出版社は「書籍を出版して売る」という共通の目標を持ちながら、それぞれ異なる視点を持っています。

**著者は「自社の商品やサービスを書籍を通じてもっと広めたい。書籍からBtoB取引を発生させ、利益を上げたい。」と考え、出版社は「市場で売れる書籍をつくりたい。」と考えます。この両者の目標をバランスよく組み合わせることが、成功する書籍を生み出す鍵になります。**

出版社は市場の動向を理解し、効果的なマーケティング戦略を立てる専門知識を持っています。このノウハウを活用することで、著者は自社のメッセージを広く読者に届けることができます。

出版社は「下請けの印刷会社」ではなく、著者とともに成功を目指す重要なパートナー。この関係の理解こそが出版起点ブランディングを成功に導く書籍を生み出す秘訣なのです。

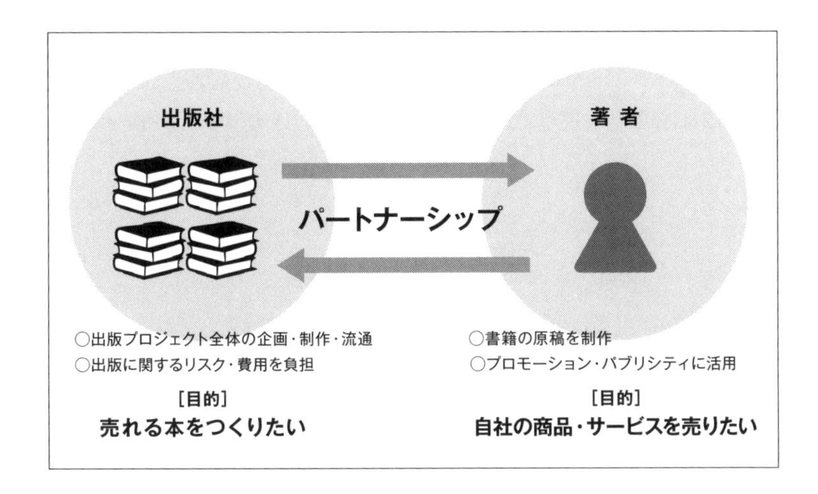


## 4-5 編集者をリスペクトしない著者に2冊目はない

**先述したように、出版社は自社がリスクを取って出版企画を採用して本を出し、著者を世に送り出してくれるありがたい存在です。**

**1冊の商業出版をするために、出版社は著者に約300〜500万円もの先行投資をします。**にもかかわらず、編集者をぞんざいに扱ったり、高飛車な態度で接する残念な著者は、次著書について断られる可能性が高くなります。**出版業界は狭く、「あの著者はやめておいたほうがいい」という情報がすぐに拡散します。1冊目については、走り出したプロジェクトなので最後まで並走してくれますが、「次はない」ということは珍しくありません。商業出版は、あくまでも出版社と著**

**者の善意のアライアンスです。互いがリスペクトし合う関係でなければ成立しないのです。**

メールひとつのやりとりにしても丁寧に行うことのできるのが本当の意味でクレバーな著者です。丁寧すぎるくらい丁寧な態度で接する。それが本を出版する際のお作法です。そうした著者は出版社側からも大切にされるでしょう。

## 4-6 出版社側のミスで怒るバカ、柔和な賢者

まだ出版に慣れていない著者の場合、出版社側を最初から疑ってかかるタイプの人がいます。

「出版社が真面目に進行してくれないのではないか」と思い込むという意味の疑いです。

例外を除いて、ほとんどの出版社の編集者はその本を売るために、真剣に書籍の制作に向き合います。

**もちろん、個々の能力の差や、出版社ごとの作業クオリティの濃淡はありますが、売れない本を出すことは許されない立場の編集者がほとんどです。彼らにとって、売れる本を出すことは死活問題なのです。**

ただ、ときおり、作業上のミスが発生したり、著者の意に沿わない方向に進めてしまったりすることもあるかもしれません。

たとえば、著者の属する業界の世界観には合わない雰囲気のカバーデザインや文字の書体を出してきたり、といったこともあるでしょう。表紙のデザインがスマートではないといった不満を感じることもあると思います。しかし、そこに目くじらを立てて感情的になるのは、賢いスタンスとは言えません。

そうした場合、**反対意見はポジティブ表現で伝えて、自身の望む方向に提案をする。それが著者のスキルであり、人間力が発揮される場面です。**

## トラブルの事実をつくらない

明らかに出版社側がミスした場合でも、怒りに任せて担当者に罵声を浴びせたり、メールで攻撃的な文章を書いたりすると、その"事実"が残ってしまいます。このような無駄な感情発散はできるだけ控えるべきです。

**たとえ出版社が悪くても、淡々と冷静でいることが得策であり、優秀な著者と言えるでしょう。**

個人的な体験ですが、かつて自分の著書を出版する際、誤植が16か所あった状態で出版社が印刷に回してしまったことがありました。

冷静にコミュニケーションをとって原因分析を行いました。すると、転職してきたばかりの編集者が担当で、オーバーワークで会社に寝泊まりせざるを得ず、バーンアウト寸前の状態で作業をしたという事実が明らかになりました。

結局、出版社は初版5万部をすべて焼却処分にして、修正後あらたに初版5万部を印刷してくれました。**もしもあのとき罵声を浴びせて、こちらから「全部、処分しろ」と迫っていたら、完全にダメな著者になっていたはずです。**

バーンアウト寸前の担当者を責めず、上長など関係者に対して、冷静に、声を荒らげずに仕組みの改善など伝えるべきことを伝えました。その結果、出版社側から、「さすがにこのままでは出版できないので、これは焼却処分にし、改めて出版の時期を1か月ずらして出させていただきます」と申し出てくださいました。

こうした経緯があり、その出版社とはいまでも良好にお付き合いさせていただいています。

**出版社側のミスであっても、そこで怒るのは著者として将来的な機会損失につながります。「不機嫌な著者」「やりにくい著者」というレッテルを貼られては損なのです。**

**いつも上機嫌で謙虚、しかし妥協なく、納得の行く内容になるよう提案し、ともにつくりあげてゆく。そんな著者を目指しましょう。**

5章

# 出版を
# 打ち上げ花火で
# 終わらせないために

# WEBメディア連載で点を面にする

出版ブランディングの成功を大きく左右するものの1つに、出版後のパブリシティ戦略があります。

その際、多くの著者や企業は、メディアへの露出を「本の宣伝のため」と考えがちです。でも、目的はそれだけではありません。

重要なのは、出版を単なる一回限りのイベントに終わらせず、書籍を起点にブランド戦略を継続することです。そのためにこそ、まずは、メディアを最大限に活用しましょう。**とくに効果的なのは、「書籍の内容を活用したWEBメディアでの連載」を獲得すること**です。

ネットで少し調べればわかりますが、世の中にはダイヤモンドオンライン、プレジデントオンライン、東洋経済オンラインなど、100種類以上のＷＥＢメディアが存在します。その中から、自社の考え方やテイストに合った媒体で連載ができればきわめて有効なブランド戦略になります。

**まず、WEB連載を獲得すると、「点」が「面」に広がるというメリットが生じます。**単発のメディア露出には一過性の「点」としての効果しかありません。しかし、WEBメディア連載は「面」としての広がりを持ち、読者との持続的な関係構築が可能になります。

書籍の内容をWEBメディアで連載することは、著者と読者双方にとって大きなメリットがあります。著者にとっては書籍の露出が広がり、より多くの読者に到達する機会が増えます。読者にとっては、連載を通じて書籍の内容を深く理解することができます。

ここでは、書籍原稿をWEBメディア連載へと展開するメリットとコツについて探ります。

## ①書籍をWEBメディア連載に展開するメリット

### ▶幅広い層へアプローチできる

WEBメディア連載の獲得は、**書籍の内容をより多くの人々に届ける効果的な手段**です。書籍を読んだ人だけでなく、普段は書籍に触れない層にも情報を提供することが可能になります。WEBメディアには幅広い層がアクセスするため、異なる背景を持つ読者に書籍の内容を伝えることができます。

書籍を読んでいない読者に、著者および著者の所属する企業の存在を認知し、お役立ちノウハウを提供することができます。読者は書籍にもなっているほどの信頼度の高いノウハウをダイレクトに吸収し、加えて書籍を購入することでさらなる信頼感情を抱いてくれるのです。

### ▶書籍の内容を深く理解できる

連載を通じて何度も読者に情報を届けることで、書籍の内容理解が進みます。一度の読み通しではとらえきれない細かなポイントや、深い解釈を読者に提供することが可能です。また、継続的な連載は読者との関係を強化し、長期にわたる信頼を築くことにつながります。

## ②書籍をWEBメディア連載に展開するコツ

### ▶連載獲得にはまず企画提案から

WEBメディアでの連載を実現するためには、具体的な連載企画を提案する必要があります。この際、メディアの視点に立ち、そのメディアがどのような価値を提供しているか、またそのメディアにどのような内容が適しているかを熟慮することが重要です。

提案する際には、ただ単に書籍の内容を紹介するだけでなく、**連載を通じてメディアとその読者にどのような価値をもたらすことができるかを明確に示すことが求められます。**

## ③WEBメディア連載企画書をつくる

WEBメディア連載を勝ち取るには、メディアに対して魅力的な連載企画を提案しなければなりません。そこで大切になるのが、単に書籍の内容を再構成するのではなく、そのメディアの特性や読者層に合わせてアレンジすることです。書籍のコンテンツをベースにしつつも、WEBメディアならではの切り口や深堀りによって、読者が新たな価値を感じられるように工夫したいものです。

たとえば、「デジタルマーケティング・コンサルタント養成学校」をアピールしたいのであれば、「デジマ・コンサルがいかに稼げるか?」「どうしたらデジマ・コンサルなれるのか?」「ロイヤルカスタマー(顧問先)を獲得する方法」「効率的なタスクの進め方」など、読者の興味を引くような連載企画を考える必要があります。

**「連載」の最大のメリットは、書籍で示した情報を随時アップデートできるという自由度の高さとともに、テーマごとに自在に料理できるという点にあります。**

また、書籍の中で触れたテーマやアイデアをさらに広げて、読者との対話を深める機会を生み出すこともできます。たとえば、書籍で取り上げたトピックに関する読者からの質問やフィードバックに基づいて連載内容を展開すれば、読者の関心をさらに引きつけることができるでしょう。

連載企画書：sample

## 連載企画書

**初めまして、私は「ビル売買仲介業」をおこなっております㈱アグノストリ代表取締役　青木龍（あおきりゅう）と申します。**

**このたび「ビル投資アドバイザー」として「2%の人しか知らない、3億円儲かるビル投資術（ぱる出版）」を出版させていただきました。**

**つきましては、御メディアにて「経営に活かす中古ビル投資」について、連載をさせていただきたく、執筆者として応募させていただきました。お忙しい中、大変お手数ですが、何卒ご検討を宜しくお願い致します。**

### ▶執筆テーマ

**～2%の人しか知らない！～**

# 『持続的収益が得られる！“中古ビル投資術”』

**── なぜ今、30年落ち20億円以下の「中古ビル投資」が狙い目なのか？ ──**

### ▶執筆テーマの概要

当連載では　「中古ビル運用」による「継続的な営業外利益獲得法」をわかりやすく解説します。大手企業が次々に「社屋」を手放す今こそ、30年落ち20億円以下の「中古ビル投資」のベストタイミングなのです。ビル専門不動産業界一筋、敏腕営業マン出身の収益ビル仲介会社経営者が、1フロア投資（数千万円）～20億円の中古ビル一棟買いまで、手堅く儲かる「まだ知られていない不動産投資術」を紹介します。

また、このメソッドは税金対策においても有効です。10億円の資産があっても、納税により4億円に目減りしてしまうのが、日本の税制のマイナス点。そこで、内部留保金(個人においては貯蓄)を使って「経営者専用商用不動産」への投資を行うことで、大幅な節税および継続的な「営業外利益獲得」ができます。先行きの見えない時代、ビル投資で先手を打っておけば、収入の安定化、存続・承継・相続に伴う不安からの解放が約束されます。

### ▶この連載記事を読んだ読者のメリット

・ビル運営で持続可能な営業利益が得られる。
・30年落ち20億円前後までの中古ビルのオーナーになり手堅く儲けられる。
・収益が出るテナント管理の方法がわかる。
・1フロア1区画＝数千万円から始められる。
・失敗しない方法を学ぶことができる。
・節税できる。

### ▶読者ターゲット

・中小企業の経営者。
・大企業の不動産投資部門の方。
・アパート投資、マンション投資などの経験者。

**▶【連載テーマ①】 このタイミングを逃すな！中古ビル投資「成功7つの秘訣」**

連載1回目：なぜ「Cグレードオフィスビル」がドル箱に！？
連載2回目：初心者でもできる！「儲かる売価設定」
連載3回目：「儲かる中古ビル投資」は「賃料比較分析」が肝！
連載4回目：街の「発展予測」で"儲かるエリア"を狙い撃ち！
連載5回目：利益を出したいなら「コスト予測」で手堅く計画
連載6回目：「持続的な利益獲得」は「管理会社選定」が9割
連載7回目：なぜ中古ビル投資は「長期保有」の方が儲かるのか？

**▶【連載テーマ②】 「ビル投資で失敗する7つの落とし穴」**

※ぞれぞれに「事例（人物）」があります。

連載1回目：表面上の利回りに踊らされ大失敗！〜危険な「数字」の罠〜
連載2回目：「不動産知識」で固めた"勉強家"ほど失敗する！
連載3回目：「値下げしないと"買い手"がつきません‥」は9割ウソ！
連載4回目：「築浅一棟貸しビル」が空室だらけになる"危険な理由"
連載5回目：「株投資感覚」で"ビル保有"をすると大失敗する
連載6回目：「自社保有ビル直販業者」からは"絶対に"買ってはいけない

**▶【連載テーマ③】 「危ないビル投資 6つの罠 〜こんな物件はやめたほうがいい〜」**

連載1回目：「新築ピカピカ案件」が超危険な理由
連載2回目：「周辺賃料」よりも「高家賃」にすると絶対コケる！
連載3回目：「修繕工事」をやらないオーナー、こまめにやるオーナー
連載4回目：絶対マイナスになる！「飲食店の巣窟ビル」
連載5回目：「鉄骨ビル経営」は"かなり"危ない
連載6回目：「テナント与信」をすっ飛ばすと大損する

**▶執筆者プロフィール**

株式会社Agnostri（アグノストリ）代表取締役社長。1989年、東京都出身。小学校から高校1年まで野球を続け、厳しい監督に鍛え上げられる。22歳で事業系不動産に特化した不動産売買の会社に就職。中小企業の経営者をターゲットに、ビル売買の営業開拓を実施。その後大阪支店・名古屋支店の立ち上げに携わる。最終的に東京で課長職に就任。会社員時代は1人で50億円を販売しトップセールスに。融資を活用する前提で、3期中2期黒字（または過去の内部留保金が5億以上）の会社をターゲットに投資ビルを営業し、会社員時代に1人で50億円を販売。2018年に独立し、東京都千代田区に株式会社Agnostri（アグノストリ）を設立。会社設立後、年間100億円ほどの売買を締結。コロナ前もコロナ後も、クライアントの空室率は0%。
会社URL: https://www.agnostri.co.jp/

**▶連絡先**

〒〇〇〇-〇〇〇〇　東京都〇〇区〇〇町〇-〇-〇　〇〇ビル〇F
㈱〇〇〇〇〇〇
連載担当〇〇〇　　メールアドレス：〇〇〇@〇〇〇〇〇〇
電話：00-0000-0000

この連載企画書は、各種WEBメディアの連絡窓口(フォーム・メールアドレス)から送信します。添付ファイルのフォームがない場合は、テキストでベタ貼りしてアプローチしましょう。なかには電話をかけて売り込む猛者もいます。

## メディアにあわせてリライトする

連載が決まったら、まず書籍の原稿をそれぞれのWEBメディアの特性に合わせて企画書をさらにリライトする必要があります。
たとえば、若年層に人気のメディアであれば、よりカジュアルでエンゲージメントを促す内容にする、ビジネス関連メディアであればより専門的な知識や事例を取り入れることが効果的です。

また、WEBメディアは視覚的要素やインタラクティブ性を重視するため、これらを考慮した再構成が求められます。

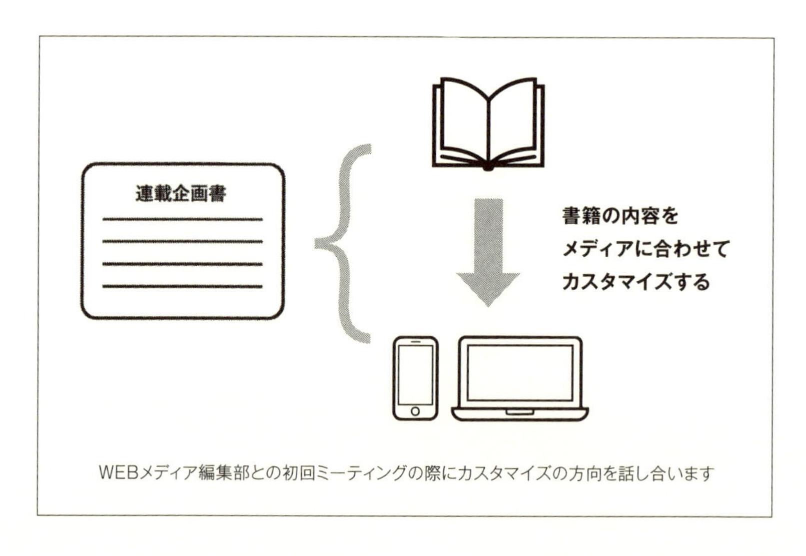

WEBメディア編集部との初回ミーティングの際にカスタマイズの方向を話し合います

## 「WEBメディア連載」でブランドの浸透を実現する

このように、連載を通じて読者との接点が形成されることで、自社のブランドイメージが世の中に広く浸透していきます。

WEB連載は、SEO(検索エンジン最適化)やオンラインマーケティングにおいても重要な役割を果たします。定期的にコンテンツが更新されることで、書籍の検索エンジンランキングが高まり、より多くの潜在的な読者にリーチすることができるのです。

先述のとおり、オンライン上で書籍のプレゼンスが高まれば、まだ書籍を読んでいない人にも「あの人の本を読んでみようかな」と興味を持ってもらうきっかけにもなります。

書籍の出版はゴールではなく、こうした複合的なアプローチによる持続的なパブリシティ戦略のスタートととらえてほしいと思います。

**WEB連載の獲得と活用は、書籍の内容を拡張し、読者との関係を強化し、長期的なブランド構築へとつなげる効果的な手段になります。**

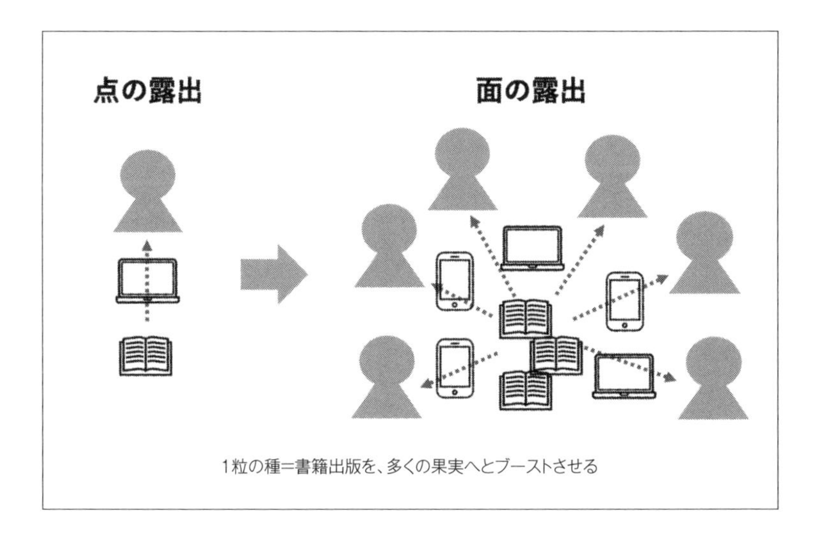

1粒の種=書籍出版を、多くの果実へとブーストさせる

# 5-2 書籍は「メディア露出」のためのカンフル剤

多くの企業が新しい商品やサービスを毎日のようにリリースしています。そんな中で、メディアからの注目を集めるのはそう簡単なことではありません。

そこで、普段のニュースリリース配信におけるメディア露出を増加させるカンフル剤として書籍を活用してみましょう。

## 大量のニュースリリースに埋もれないために

多くの企業がメディア露出に躍起になっていますが、通常のニュースリリース/プレスリリース（報道関係者向けの資料）やイベントだけでは、メディアの興味を引くのは難しいのが実情です。そこに、書籍出版を活用する意味があります。

メディアの編集部には、毎日さまざまな企業から大量のニュースリリースが送られてきます。その中で、編集者が面白いと思ったニュースを取り上げるのですが、商品やサービスだけではなかなか差別化することは難しく、ここに工夫が必要です。

**書籍は、単に新しい情報を提供するだけではなく、企業の専門知識や独自性を示す絶好のツールです。ですから、書籍出版は企業にとって効果の高いメディア露出の手段なのです。**

## 書籍リリースが魅力的な情報となる

書籍がリリースされるというニュースは、単なる製品発表やサービス導入よりもメディアの関心を引きやすい情報です。また、書籍はメディアにとっても安心・信頼できる情報源でもあります。**書籍は永続的に残る媒体なので、そこに書かれた内容は時間をかけて精査されているからです。**ですから、メディアはこの情報を元にすれば信頼性の高い記事を書くことができます。書籍を元にした記事は、企業の信頼性を高め、読者に対しても説得力が高いものになるのです。

## 商品やサービスの背景をストーリー化する

書籍を通じて、企業は商品やサービスだけでなく、それらを支える技術や哲学、ビジョンを深く掘り下げて伝えることができます。これにより、メディアは単なる商品紹介を超えた、ストーリーやコンセプトを伝えることができます。商品やサービスの裏にある企業の考え方が、世の中の動きとシンクロしているときに、編集者はそのニュースを取り上げる意味や価値を見出します。商品やサービスの背後にある物語を語ることで、メディアは読者にとってより魅力的な記事を作成しやすくなります。

### メディア露出の連鎖効果

書籍によるメディア露出は、他のメディアへの露出をもたらす連鎖効果を生み出します。**一つのメディアがある書籍に注目すると、他のメディアもそれに追随する傾向があります。これは、書籍という形式が提供する情報の深さと信頼性が、メディアにとって魅力的だからです。**多くの企業が日々リリースする新製品やサービスの中で自社が目立つために、ぜひ書籍を重要なカンフル剤として活用しましょう。

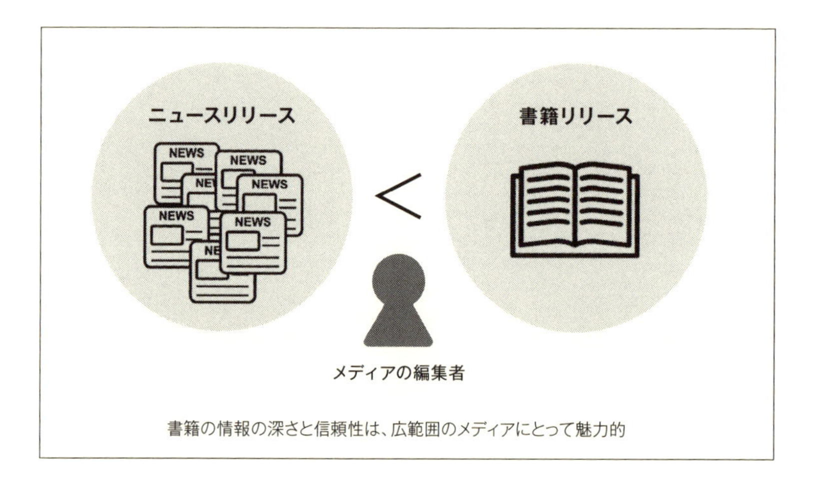


書籍の情報の深さと信頼性は、広範囲のメディアにとって魅力的

## 5-3 年間広報戦略をつくる

広報戦略は、企業が社会とコミュニケーションをとる上で不可欠な要素です。ただし、そこには明確かつ一貫性のあるプランが必要になります。**年間広報戦略を計画的に立てることで、ブランドイメージを向上させることができます。**

ここでは、年間広報計画を策定するための7ステップを紹介します。

### ①全体方針と予算の確認

年間広報戦略を策定するためには、まず企業全体の方針とPR会社の活用などを含む、広報予算の確認が必要です。その際、経営層だけでなく、各部署の責任者との密接なコミュニケーションが不可欠です。

### ②市場調査と環境分析

市場調査と競合他社の状況、市場ニーズなどの環境分析を行い、どんなテーマが話題になっていて、どういった要素が自社の商品やサービスの障壁となっているかを見極めましょう。

### ③ターゲット・ペルソナの設定

訴求したい相手のペルソナを定義しましょう。「どんな人にメッセージを伝えたいのか」をイメージして、年齢や性別、関心、ニーズ、課題などを詳細に設定しましょう。

### ④ゴールの設定

広報活動は、一般的に成果の見えにくい活動でもあります。最初の段階で、明確なゴール(KGI=最終目標の達成度合いを測るための定量指標)を設定し、広報活動の成功を定義することが重要なポイントとなります。たとえば、認知度向上やブランドイメージの強化、好意度の醸成などです。

### ⑤活動内容と露出イメージの具体化

具体的な活動内容と施策のプロセスを策定し、メディア戦略やコンテンツ作成、SNSやイベントの活用などを計画します。ターゲットに与えたい印象や情報の伝え方を明確にし、具体的な露出イメージを作りましょう。

### ⑥活動ロードマップの作成

これまでのステップをまとめ、一年間の活動ロードマップを作成します。これが年間活動の指針となります。

### ⑦実行とモニタリング

計画に基づいて活動を実行し、その効果を継続的にモニタリングします。また、定期的に活動の成果を評価し、必要に応じて戦略や施策を調整しましょう。

年間広報戦略の策定は、企業が社会とのコミュニケーションを成功させるために不可欠なものです。各ステップを慎重に進め、企業の目標達成に向けて効果的なコミュニケーション戦略を展開しましょう。

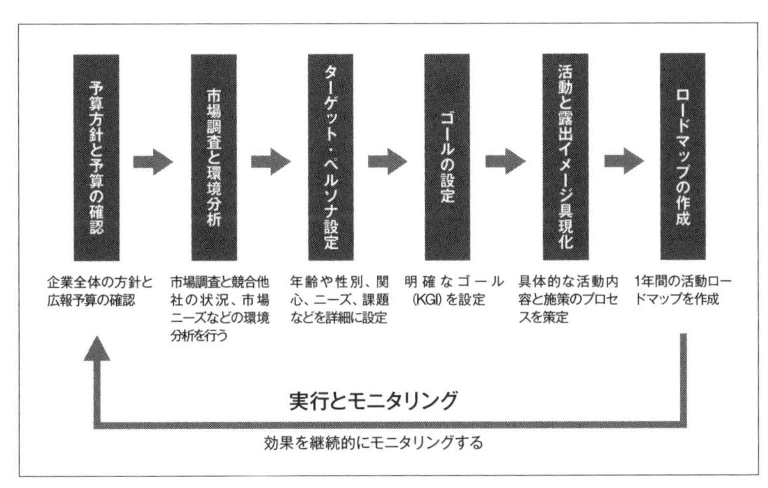


年間計画を立てることで継続的な広報(PR)活動が可能になる

## 5-4 各メディアの特徴を知る

広報戦略の成功への秘訣は、さまざまなメディアの特性を理解し、それらを効果的に組み合わせることです。

以下、各メディアの特徴を簡単に説明します。

### テレビ

広範な層にリーチすることが可能です。生活の一部として日常に溶け込んでいて、信頼性と影響力が高いメディアです。しかし、取り上げられるにはハードルが高く、ターゲットを絞り込むのが難しい側面もあります。

## ラジオ

ラジオは地域密着型のメディアであり、移動中や作業中のリスナーにリーチします。比較的低コストで制作でき、ターゲット層に合わせた番組選びが可能です。

## 新聞・雑誌

新聞・雑誌は情報の信頼性が高く、詳細な情報伝達が可能で、広告スペースもたくさん存在します。記事として取り上げられるには、時流やトレンドに沿った情報提供が必要になります。

## ソーシャルメディア

FacebookやX(旧Twitter)、TikTokなどのソーシャルメディアは、幅広い層へ迅速に情報を拡散できるプラットフォームです。ユーザー間で情報が共有されるので、口コミで広がっていくバイラル効果を期待できます。

また、InstagramやPinterestなどは、ビジュアルに重点を置いたプラットフォームで、製品の魅力を視覚的に伝えることができます。とくに、ファッション、食品、旅行などの業界において効果的です。ハッシュタグを使用してターゲット層にリーチし、インフルエンサーとのコラボレーションで影響力を拡大することも可能です。

## 公式WEBサイト

企業の公式WEBサイトは、製品やサービスに関する詳細情報を提供することで、ブランドイメージをコントロールできます。SEO対策を施すことで検索エンジンからの訪問者を増やし、信頼性の高い情報源として機能します。

## ブログやコンテンツマーケティング

専門性の高い情報提供やストーリーテリングを通じて、顧客との深い関係構築が可能です。また、検索エンジンでの露出を高め、WEBサイトへの訪問者を増やすことができます。

## ニュースレターやメールマガジン

自社でコントロールできるニュースレターやメールマガジンは、顧客に直接情報を届ける手段として有効です。新製品の紹介、イベントの案内、業界のトレンド解説など、ターゲットに合わせたコンテンツを提供します。

これらのメディアを効果的に組み合わせることが、広報戦略の成功への鍵です。たとえば、テレビCMで製品の認知度を高めた後、WEBサイトやソーシャルメディアで詳細情報を提供し、展示会やイベントで直接顧客と接触するという流れが考えられます。

各メディアの特性を理解し、ターゲット層や目的に応じて最適なメディアミックスを実現しましょう。

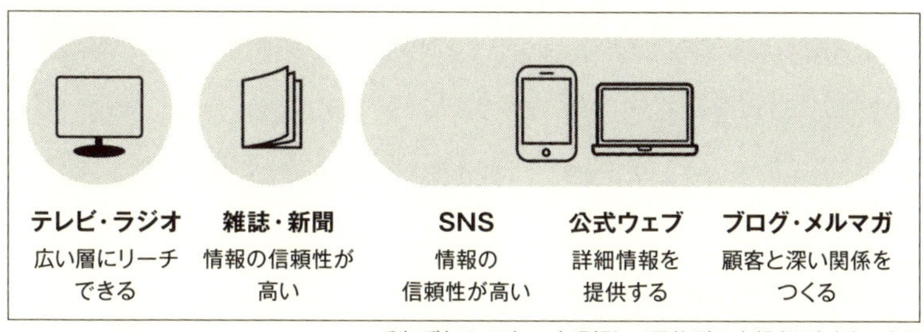


それぞれのメディアを理解して目的別の広報(PR)をおこなう

# 5-5 効果的なニュースのつくり方

情報過多の現代社会で企業のニュースが注目を集めるためには、戦略的かつ洗練されたアプローチが必要です。ここでは、自社のニュースが広く認知されるための方法を考えてみましょう。

## 時代の流れを理解する

現在のトレンドや社会的な話題と自社の商品やサービスを関連付けることで、タイムリーさを演出します。たとえば、少子高齢化、環境問題、デジタル化、気候変動、といったトピックを自社の取り組みや製品と結びつけることで、関連性を高め、より大きな関心を引くことができます。

## 顧客の関心事を把握する

ソーシャルメディアでどんなことが話題になっているかを知り、顧客の関心事や時代のトレンドを把握することも大事なポイントです。ターゲットとなる人々の関心を知るには、まずは彼らが利用しているSNSを見てみましょう。

専門的なソーシャルリスニングツールを使用して、市場のニーズや関心を理解することも効果的です。ソーシャルリスニングツールというのは、SNSやブログなどの情報の中でマーケティングに有効なキーワードがどのくらい言及されているか、またどんな印象に対するコメントが多いかを分析・集計するツールサービスです。「口コミ分析」とも呼ばれます。

## キーワードの戦略的使用

編集者や読者の注意を引くキーワードを自社のニュースに盛り込むことが、ニュースを広げるためには不可欠です。

たとえば、「SDGs(持続可能な開発目標)」や「サステナブル(持続可能性)」といった環境に関するキーワードや、「DX(デジタル・トランスフォーメーション)」「AI」などテクノロジー関連のキーワード、また「リモートワーク」「副業」などの働き方関連のキーワードは、記事として取り上げられる確率を上げるとともに、検索エンジン対応にも効果的です。

## ストーリーテリング

単に事実を列挙するだけでなく、ストーリー形式で情報を伝えることで、ニュースに深みを与えます。人々が共感し、記憶に残りやすい物語を作り出すことで、ニュースの魅力を高めることができます。

たとえば、経営者自身の経験や信念などをストーリーにして語ることで、企業のニュースを単なる情報ではなく、「血の通ったメッセージ」として伝えることができるのです。

その他にも、商品の開発にまつわるストーリーやその裏話、会社を始めた理由や創業期の話なども魅力的なストーリーとなるでしょう。

こうした人の心をつかむストーリーは、書籍だけではなくメディアでの広報活動でも活用していきましょう。

## 透明性と正確性

情報の信頼性を損なわないためには、透明性と正確性が不可欠です。誇張や不正確な情報を避け、事実に基づいた姿勢を心がけることで、信頼を獲得し、長期的な信頼関係を築くことができます。

常に、公共の利益や倫理を考慮し、社会的に責任のあるメッセージを発信しましょう。

効果的なニュース作成のためには、時代の流れを理解し、メディアが注目する要素を上手く取り入れることが重要です。

信頼性を損なわないよう注意を払いながら、自社と世の中をつなぐ広報活動を展開しましょう。

このアプローチにより、企業のニュースはより多くの人々に届き、影響力を持つことができます。

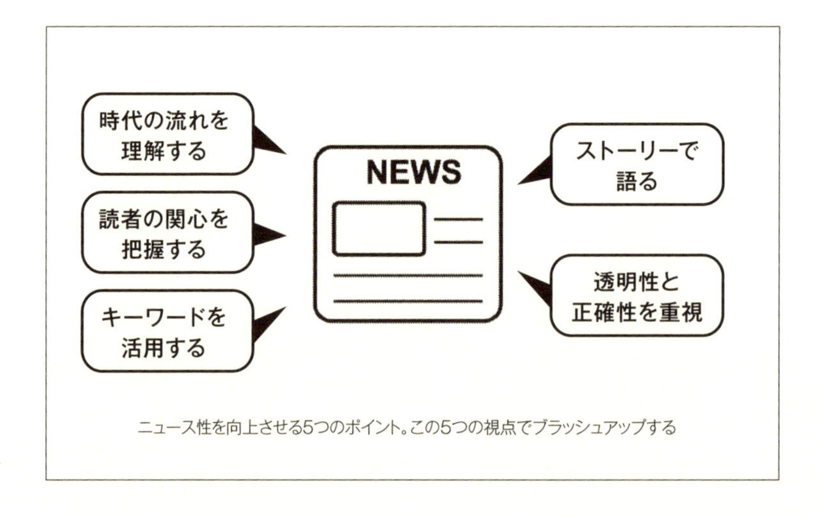


ニュース性を向上させる5つのポイント。この5つの視点でブラッシュアップする

# 5-6 取材されやすいニュースリリースのつくり方

メディアに取り上げられる「ニュースリリース」は、広報活動における重要な役割を果たします。ニュースリリースの書き方ひとつで、記事になるかどうかが分かれます。

ここでは、効果的なニュースリリースを作成するためのポイントを紹介し、メディアの注目を集める方法を探ります。

## トレンドや社会課題を反映する

リリースには、現在のトレンドや重要な社会課題を反映させることが重要です。これにより、タイミングの良いニュースリリースとなり、メディアの関心を引きやすくなります。

例えば、「AI」や「育児休暇」など、その時にメディアで話題になっているトレンドを取り入れましょう。

## 客観的なデータと専門的な知見を入れる

専門的で客観性のあるデータや研究結果をリリースに盛り込むことで、信頼性と説得力を高めます。情報の正確さは、メディアからの信頼を勝ち取るための大きなポイントです。

食品や飲料で使われている素材の効果を証明するデータや、ユーザーからの評価など、客観的なデータを使ってメディアにアピールしましょう。

## 明確な基本構成にする

ニュースリリースは、タイトル、リード文、本文、引用文、コンタクト情報の5つの基本構成で作成されます。

リード文では、「誰が」「何を」「いつ」「どこで」「なぜ」「どのように」行ったかという5W1Hを短い文章で明確に伝えることで、メディアが記事を作成しやすくなります。

## 事実と具体的な数字を使う

リリースには、具体的な数字や明確な事実を盛り込むことが重要です。これにより、リリースの内容が具体性を持ち、信頼性が高まります。

また、画像や図表を効果的に使用して、リリースを読みやすくしましょう。情報が整理され、視覚的にもアクセスしやすいレイアウトは、メディアの注目を集めやすくします。

## 宣伝的な表現は使わない

ニュースリリースでは、広告表現は避けるべきです。あくまでも情報の客観性と専門性を維持し、メディアの信頼を損なわないよう注意します。

「最高の○○」「素晴らしい○○」「これまでにない○○」など、主観的な表現はメディアから敬遠される表現です。

## 表現に気を使い、正確な情報を提供する

誇張や不正確な表現は、メディアの信頼を失う原因となります。

また、リリースに記載される商品名、価格、発表日などの情報が正確であることを確認しましょう。誤った情報はメディアの信頼を失うだけでなく、企業イメージにも悪影響を与えます。

## わかりやすい言葉を選ぶ

社内用語や業界用語はなるべく避け、一般の読者にも理解しやすい言葉を選びます。これにより、より広い範囲のメディアと読者にリーチすることができます。

「社内だけで通用する略語」や「この業界なら分かる表現」、「一般にはなじみのないカタカナ用語」などを使っていないか、今一度チェックしてみましょう。

効果的なニュースリリースの作成は、メディアに取り上げられるための重要なステップです。これらの要素を織り交ぜながら、広報活動を展開しましょう。

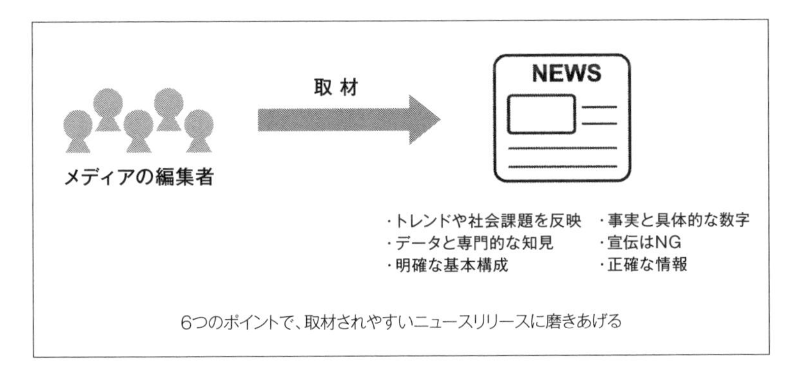


6つのポイントで、取材されやすいニュースリリースに磨きあげる

## 5-7 SNSを活用した書籍PR戦略

出版ブランディングにおいて、SNSは中心的な役割を果たします。さまざまなプラットフォームを最大限に活用することで、商品やサービスの魅力を効果的に伝えることができます。ここで大事なのは、画一的なコンテンツを配信するのではなく、ユーザーの属性などを考慮し、それぞれのプラットフォームにあった**コンテンツを制作し配信することです。コンテンツの内容としては、書籍の内容からセオリー部分を抜き出し、短い読み物として掲載。書影を掲載したり、肉声で書籍の内容を解説したりします。さらにはアマゾンなどの書籍販売ECサイトのURLを記載し、書籍の購買喚起をします。広告費用をかけることでより多くのユーザーのもとに情報が届き、ECサイトでの書籍購買数がわかりやすく増加します。**

### Facebook

Facebookは多様な年齢層にリーチすることができ、家族や友人間での共有が活発なプラットフォームです。基本は書籍をベースとしたコンテンツを発信しつつ、イベント機能を利用して、サイン会やトークイベントなどを告知し、参加予定者に情報を届けることも可能です。

### TikTok

TikTokのエンターテイメントは、とくに若年層に人気があります。ユニークなショートビデオやインタラクティブなコンテンツを作成し、PRに活かします。トレンドやチャレンジを活用して、商品やサービスの内容を紹介することも効果的です。また、**書籍内のセオリーを音声で解説、書籍のカバーを露出したり、著者本人が登場する動画を作成。書籍の販売されているサイトにリンクを貼ることで、書籍の訴求をおこなう企業も増えています。**

## Instagram

Instagramはビジュアルコンテンツの力を最大限に活かすことができるプラットフォームです。商品やサービスの写真や関連するイメージ、商品まわりの日常を共有することで興味を引きます。最近では、ストーリーやリール(短い動画)を使ったクリエイティブなコンテンツが人気となっています。**TikTokと同様に、書籍内のセオリーを音声で解説、書籍のカバーを露出したり、著者本人が登場する動画を作成。アマゾンにリンクを貼ることで、書籍の訴求をおこなう方法もおすすめです。**

## YouTube

YouTubeは長尺のビデオコンテンツに適しており、インタビュー動画や書籍の背景にあるストーリーの詳細な紹介に最適です。読者が書籍に深く没入できるような内容を提供し、企業や商品の魅力を深く伝えることができます。短尺では、TikTok、Instagramと同じ動画の活用法をします。

### X(旧Twitter)

X(旧Twitter)の強みは、情報拡散能力です。短いテキストとビジュアルでの効果的なコミュニケーションを通じて、コンパクトなコンテンツを瞬時に共有し、大きな注目を集めることができます。また、ハッシュタグを活用してコミュニティを形成するのも有効です。

こうした各SNSの特性を踏まえ、一貫したメッセージ戦略を展開します。たとえば、Facebookでイベントを告知した後、X(旧Twitter)で素早く情報を拡散し、InstagramやTikTokでビジュアルや動画コンテンツを共有することで、相乗効果を生み出します。さらに、YouTubeでより詳細な動画を配信することで、読者の理解を深め、企業に対する興味を増加させるでしょう。

自社の商品、サービスまたは企業ブランドの特性に合わせて活用法に強弱をつける

## 5-8 「リリース配信スタンド」と「メディアキャラバン」を活用する

メディア露出を最大化するためには、一気に数多くのメディアにニュースリリースを配信する「リリース配信スタンド」と、個別にメディアにアプローチする「メディアキャラバン」という2つの戦略を組み合わせることが非常に効果的です。

## ①リリース配信スタンドの利点

### ▶幅広いメディアへの一斉配信

リリース配信スタンドは企業や官公庁、自治体などが作成したニュースリリースを配信するサービスです。これを利用する最大の利点は、一度に数百から数千のメディアにリリースを配信できる点です。これにより、短時間で大規模な露出を実現し、多くの読者にリーチすることが可能になります。

国内ではPR TIMESや@Pressなどの配信サービスがあります。

### ▶タイムリーな情報提供

リリース配信スタンドは、タイムリーな情報提供に優れています。新製品発表やイベント情報など、タイミングの良いニュースを迅速に広めることができます。

**一般的に、プレスリリースの配信におすすめの時間帯は、メディアの編集者が記事を書きやすい午前10～11時と言われています。**

## ②メディアキャラバンの利点

### ▶個別メディアへのカスタマイズアプローチ

一方、メディアキャラバンは、特定のメディアやジャーナリストに対して個別にアプローチする手法です。メディアキャラバンで取材率は3倍に上がると言われ、メディアとのより深い関係構築が可能となり、ターゲットに合わせた効果的な露出が期待できます。

### ▶ストーリーテリングと関係構築

メディアキャラバンを通じて、実際に編集者と話すことにより、よりストーリー性豊かでメディアの関心を引く特別なコンテンツを提供することができます。これにより、メディアによる深堀り取材や特集記事への掲載が期待できます。

## ③効果的な組み合わせ

### ▶広範囲露出と深堀り取材の両立

リリース配信スタンドとメディアキャラバンを組み合わせれば、広範囲の露出と特定メディアによる深堀り取材を同時に実現することができます。これにより、広報戦略の効果を最大化し、様々なオーディエンスへのアピールが可能になります。

メディア露出戦略において、リリース配信スタンドとメディアキャラバンの組み合わせは、その効果を最大限に引き出す鍵です。

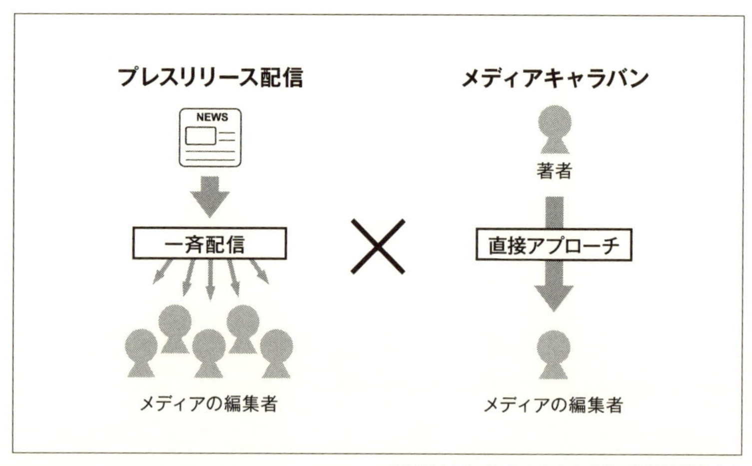


一斉拡散とピンポイントの合わせ技で露出を獲得する

広範囲の露出に加えて、個々のメディアとの深い関係を構築できるので、情報の伝達と理解を加速させることができます。この戦略的なアプローチにより、企業や製品のメッセージは、多様なメディアを通じて効果的に伝えられ、より多くの人々に届くでしょう。

## 5-9 メディア露出を実現するPR会社との付き合い方

メディア露出の実現のためには、PR会社との効果的な関係構築が必須です。ここでは、そのための戦略的なアプローチについて詳しく見ていきましょう。

### ターゲットオーディエンスの明確化

書籍の目標とする読者層を特定し、その層に最も響くPR戦略を練ることが必要です。年齢、性別、興味・関心事など、ターゲットオーディエンスの特徴を明確にすることで、PR会社はより効果的なコミュニケーションプランを立てることができます。

### PR会社の選定

依頼するPR会社は、書籍のジャンルや内容に合った経験や実績を持つ会社を選ぶことが大事です。PR会社の過去の成功事例や顧客からの評価をチェックし、その会社が書籍の特性や目標に合った戦略を提供できるかを判断します。

## コミュニケーション戦略

コミュニケーション戦略の面では、書籍のキーコンセプトやメッセージを明確に伝え、それをどのようにPRするかを計画します。異なるメディア（WEBメディア・SNS・雑誌・テレビ・ラジオ等）でのアプローチ方法を検討し、ターゲットオーディエンスに最適な方法でメッセージを伝えることが重要です。

## 予算と期間の設定

PR活動にかける予算の上限を設定し、それに基づいた戦略を立てます。また、PRキャンペーンの期間を決め、その期間中に達成すべき目標を設定することで、効率的かつ効果的なPR活動を実現します。

## コンテンツの質と一貫性

コンテンツの質と一貫性にも注意を払いましょう。読者の興味を引くような魅力的なコンテンツを作成し、ブランドイメージに一貫性を保つ必要があります。そして、ニュースリリース・ブログ記事・ソーシャルメディアの投稿など、メディアごとに最適化されたコンテンツを作成し、ターゲットオーディエンスに適切な方法でアプローチします。

これらのポイントを踏まえた上で、PR会社との密接な連携を心がけることが不可欠です。PR会社は書籍のPR活動における重要なパートナーです。その専門知識と経験を活用することで、書籍のメディア露出を最大化し、成功に導くことができます。PR会社との効果的なコミュニケーションと協力を通じて、戦略的かつ持続的なPRキャンペーンを展開することが、出版ブランディングの成功に向けての鍵となります。

**出版起点ブランディングを実現する「広報（PR）戦略7ステップ」**

| | ステップ | 詳細 | アクション |
|---|---|---|---|
| 1 | **ターゲットオーディエンスの明確化** | 書籍の目標読者層を特定 | ・年齢、性別、興味・関心事等の分析<br>・ターゲットオーディエンスのプロファイル作成 |
| 2 | **PR会社の選定** | 書籍のジャンルや内容に適したPR会社の選定 | ・PR会社の経験や実績の確認<br>・過去の成功事例や顧客評価のレビュー |
| 3 | **コミュニケーション戦略の策定** | 書籍のコンセプトイメージを定義し、それを広める方法を計画 | ・異なるメディアやチャネルでの戦略立案<br>・キーコンセプトの明確化と伝達 |
| 4 | **予算と期間の設定** | PR活動の予算と期間の決定 | ・予算の上限設定<br>・キャンペーン期間の定義 |
| 5 | **測定基準の設定** | キャンペーン効果の測定基準を設定 | ・KPI（重要業績評価指標）の選定<br>・売上、露出度等の追跡 |
| 6 | **コンテンツの質と一貫性** | 高品質で一貫したコンテンツの制作 | ・ブランドイメージに沿ったコンテンツ作成<br>・メディア毎のコンテンツ最適化 |
| 7 | **リスク管理** | ネガティブな反応への備え | ・緊急時の対応計画の策定<br>・コミュニケーション戦略の事前準備 |

## 5-10 社内広報担当育成のススメ

あなたの会社には社内に広報を担当するスタッフがいるでしょうか？

もし、まだ担当者がいないのであれば、出版ブランディングを機に、社内に広報部を立ち上げましょう。

これによりメディアから取材を受けたり、寄稿や連載を獲得する機会が格段に増えます。

くり返しお話ししているように、書籍を出版すればそれでブランディングが完結するわけではありません。

書籍のなかで伝えた企業の理念やフィロソフィーなどを世の中に広めていくには、メディアへの露出が必要不可欠です。

**広報PR活動の一つである「パブリシティ」は、広告の何倍も感情に訴えることができる説得力のある情報発信の手段です。**

大企業の場合は広告と広報PRをバランスよく使い分けています。

広報機能をうまく活用することによって、自社の認知度やイメージをアップさせて商品・サービスの売上を大幅に増やしたり、優秀な人材を獲得している企業がたくさんあります。

ある大手生活用品メーカーは、広報機能を使って、自社の商品・サービスのメディアへの露出を10倍以上に増やしました。

これは広告費で換算すると、数十億円もの効果に匹敵します。

ある社員150名前後の建設会社では1人の広報担当者が全社の広報を切り盛りしています。ニュースリリースの制作と配信、取材対応から、出版した書籍をもとにしたWEBメディアの連載獲得、イベントへのメディア関係の招致までおこなっています。

とくに、莫大な広告費を投入するのが難しい中堅、小規模企業にとっては、広報担当部署をつくらない手はありません。

社内の広報担当者は最低1人いれば対応できるでしょう。

**最適な人材は、まずは、ニュースリリースをつくって発信できる社員です。そして、書籍のなかからエッセンスを抜き出して、WEBメディア、雑誌・新聞などでの連載・寄稿を獲得するための動きのできる人が望ましいでしょう。**

連載・寄稿を獲得したあとは、社長にインタビューをして記事をWEBメディアの編集部に納品したり、メディア側からの取材を受ける場合はその間に立って調整することになります。

部署というと大げさに聞こえるかもしれませんが、たった1人の人材を育成すればよいのです。それなら、さほどハードルは高くないでしょう。

総務などとの兼任でも構いませんし、社長室に担当を設けるという形でも良いと思います。

あるいは、文章表現力に長けた人材を社内から募集して、1年程度かけて育成するのも有効な方法です。その後、2年、3年、10年と続けることによって大きなベネフィットを生み出してくれるでしょう。

くり返しますが、大企業でも社員数が10人以下の小さな企業でも、広報担当者が1人いるだけで、会社の売上を増やすためのパブリシティ活動が可能になった例がたくさんあります。

**ただし、広報担当者に任せきりにせず、どのような新商品やサービスを考えれば取材されやすくなるかといったメディア研究にも全社一丸となって取り組んでいくことが大事です。**

**取材されたり、メディアに露出されるようなニュース性をつくることを社員全員が意識することで、話題性のある商品・サービスを発案することができるようになるでしょう。**

## 5-11 自社メルマガ設置のメリット

自社のメールマガジンを設置することも出版ブランディングに欠かせない施策です。

会社のホームページ上などにメールマガジン登録フォームを掲載し、まずは書籍出版を通じて、読者のメールアドレスをそこで獲得しましょう。

読者のメルアドを獲得する効果的な方法があります。

書籍では伝えきれなかった重要なセオリーを10分ほどのショート動画にして編集し、それをYouTubeに限定公開モードでアップ。そのURLを書籍に掲載します。メールアドレスを入力した読者限定のサービスとして自動返信でプレゼントするのです。

読者特典

最後までお読みいただきありがとうございます。Web集客をさらに加速させるために役立つ「3つの特典」をご用意しました。本書のノウハウと合わせて参考にしてみてください。

〈下記のURLまたはQRコードからアクセスください〉

URL

https://yoshikazunomori.com/special/

QRコード

パスワード

yoshikazunomori

特典内容

「Webサイト運用」を成功に導くチェックリスト

知っておくと便利な「参考リンク集」

読者限定「特典動画」のURL

※特典は予告なく変更・終了する場合がございます。

本特典は、森和吉が実施します。販売書店、取扱図書館、出版社とは関係ございません。お問い合わせはinfo@yoshikazunomori.comまでお願いいたします

引用:デジタル・マーケティング超入門(著:森和吉)より

出版社は、読者特典であればURLまたはQRコードを掲載することを許可してくれます。

読者特典が付いていればより書籍購買につながりますし、読者との新たな出会いの場になるので、出版社にとってもメリットが大きいからです。

もちろん、B to Cの顧客のリストと、B to Bの未来の取引先のリストを得る場合は違いますが、いずれにしても自社がかかわりたいと思う人や企業との接点をつくることができます。

**ひとたびメルアドを獲得すれば、自社が行う講座やイベントの情報、無料コンサルティングのお知らせなどを定期・不定期で配信することも可能になります。そこから、顧客との新たなビジネスチャンスが生まれることもあります。**

たとえば、ハウスメーカーがブランディング・リブランディングのために「家族で過ごす時間が増えるマイホームのつくり方」という本を出版したとします。

「家族の団欒がもっと楽しくなる家づくり」などの動画をつくり、メルマガ登録した人には無料で送信し、そこに相談会などの情報もつけることで、「そろそろ家が欲しい」と考えている人がショールームを見学するきっかけになるかもしれません。

あるいは、DX支援を行う会社が本を出した場合、「賢いDX導入のコツ」といったメルマガ発信を通じて、生産効率を上げたいと考えている企業から無料コンサルティングの依頼が発生し、そこからB to Bの取引が発生することもあるでしょう。

本を出してそれで終わりではなく、読者サービスであるメルマガを通じて読者との交流を継続していくことで、多くのメリットがもたらされることになります。

## 5-12 書籍を活用した効果的な販促プロモーション

企業が書籍を出版する目的として、その書籍を通じて自社の商品やサービスに対する関心を喚起し、最終的には見込み客を獲得するといった「商品やサービスの販売促進」の側面は極めて重要です。読者への体験コンサルティングやメールマガジンの施策については、2章でも説明しましたが、ここではさらに、総合的に説明していきます。

**まず、書籍が店頭に並ぶタイミングで「書籍の販促」を起点にした「ビジネス全体の販促プロモーション」を開始し、効果を最大化することが求められます。ここではこれらの複合的販促プロモーション戦略を効果的に実行する手順を紹介します。**

**また、この複合的販促プロモーションはある程度の予算を必要とします。その**

**ため、全体を見渡して、予算や優先順位に基づいて最適な組み合わせで実施する必要があります。選定のプロセスには、過去の実施ノウハウやリスク管理が必要になるので、経験豊富な広告代理店や制作会社と連携することをお勧めします。**

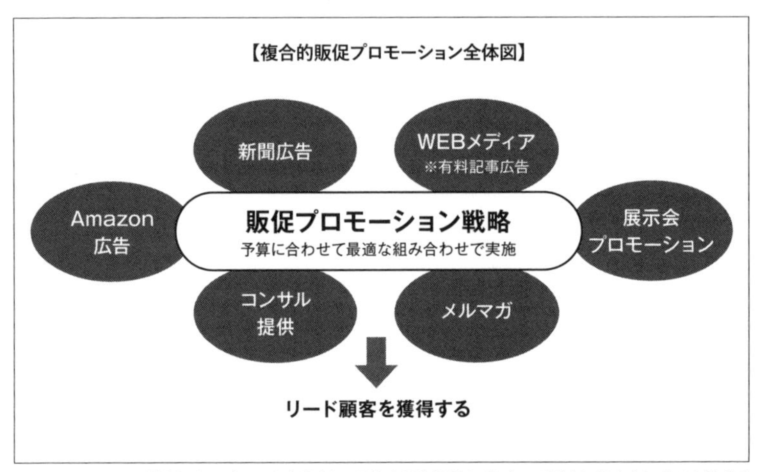

獲得したいペルソナを設定し、予算や優先順位に基づいて最適な組み合わせで実施する

**重要ポイント**：**「ターゲット」「ペルソナ」「カスタマージャーニー」を設定し、施策の全体像を把握する**

まずはじめに、「書籍を活用した複合的販促プロモーション」を4ステップで戦略策定します。まとめると以下のようになります。

**STEP 1**：**「ターゲット」設定（言語化）。**

**STEP 2**：**「ペルソナ」設定（言語化）。**

**STEP 3**：**「カスタマージャーニー」設定（言語化）。**

**STEP 4**：**施策の全体を俯瞰して捉え、予算や優先順位に基づいて最適な組み合わせで実施する。**

では、具体的にターゲット〜ペルソナ〜カスタマージャーニーをどう設定していけばよいのでしょう?その流れを見ていきます。

分かりやすいように架空の書籍をモチーフに流れをご説明します。

**書籍タイトルは仮に「デジタルマーケティングの成功法則:長期的成長を目指す戦略ガイド」だと想定します。**

**この書籍は読者が自社のデジタル・マーケティング活動を成功させるためのノウハウ本という設定です。一方で著者は、書籍の出版を通じて、コンサル先企業を獲得し、自社ビジネスを発展させるのが目的で、その為にリード顧客の獲得を目論んでいると仮定します。**

それではまず、ターゲットの想定からです。

## STEP1 「ターゲット」設定

著者の企業が商品・サービスを売りたい市場(ターゲット)を想定します。年齢、性別、居住地、年収などの切り口で設定します。

自社ビジネスを発展させるための戦略的パートナー獲得が目的なのでこの書籍の場合、ターゲットを下記と設定しました。

**▶デジタルマーケティングに携わる担当者およびマネージャー**

**▶年齢: 25歳〜45歳**

**▶性別: 男女問わず**

**▶居住地: 都市部**

**▶年収: 400万〜800万円**

だいぶはっきりしましたね!でも、これではまだターゲットとなる顧客を理解しきれていない状態です。

**ここで注意すべき点は次のSTEP2の「ペルソナ」です。**

企業がプロモーション戦略を立てる際、本来であれば「ターゲット」→「ペルソナ」→「カスタマージャーニー」→「施策の検討」という順序で進めるべきですが、多くのケースでは「ターゲット」を設定した後、すぐに「施策の検討」に入ってしまい、「ペルソナ」と「カスタマージャーニー」のプロセスが省略されてしまいます。

**「ターゲット」は、商品やサービスを販売する際に主に狙うべき特定の消費者グループに過ぎません。このままでは対象が漠然としています。漠然としたままでは顧客ニーズの認識にズレが生じ、間違った打ち手を実行してしまう可能性があります。そうならないように、「ペルソナ」という具体的な個人を想定します。ペルソナでは、名前、年齢、職業、興味、ライフスタイルなど具体的な特徴を想定します。**

このペルソナをベースとしたカスタマージャーニーを設定し、施策を検討することで、効果的な販売促進プロモーションを選定・実行することができるのです。

## STEP2 「ペルソナ」設定

先述のようにターゲットをあたかも実在する人物であるかのように深く詳細に掘り下げて、顧客ペルソナを立て次のような項目を設定します。

▶年齢：書籍のターゲットとなる年齢層

▶性別：書籍の内容がとくに響く可能性のある性別

▶職業・業界：読者の職業や関心のある業界

▶興味・趣味：読者のプライベートでの興味や趣味

▶課題・ニーズ：ビジネス環境で直面する読者の課題やニーズ

この書籍の場合ペルソナを下記と設定。

▶ペルソナ：田中一郎さん（仮名）

▶年齢：30歳　独身

▶性別：男性

▶職業：会社員

▶業界：コスメメーカーの新任のSNS販促チームリーダー

▶興味：最新のデジタルマーケティングトレンド、効果的なSNSマーケティング手法

▶プライベートの趣味：

・読書　特にビジネス書やマーケティング関連の書籍を読むこと

・ジム通い　体力づくりやリフレッシュのために定期的にジムに通うこと

・ネットワーキングイベントへの参加
コスメ業界の最新情報を得たり、人脈を広げるために積極的に参加

・国内旅行
日本各地を訪れ、美しい景色や地元の文化を楽しむことでリフレッシュとインスピレーションを得ること

▶課題・ニーズ：

・業績向上のプレッシャー
常に高い目標を達成し続けるために、効率的に結果を出す手法を求めている

・最新トレンドへの対応
急速に変化するデジタルマーケティングのトレンドに、迅速かつ効果的に対応できる知識やスキルを必要としている

・チームのモチベーション管理
チーム全体のモチベーションを持続的に高める仕組みや、リーダーとしての適切なマネジメント手法を探している

・バランスの取れた生活
仕事とプライベートの両立を実現し、健康で充実した生活を送りたいと模索している

ペルソナを設定することでようやく顧客像がはっきりしてきましたね。

## STEP3「カスタマージャーニー」設定

**次にペルソナが「書籍」および「書籍を活用した二次的コンテンツ」をどのように発見し(認知)、興味・関心を抱いて書籍を購入し、最終的に著者企業の商品・サービスに興味を持ち、発注の意思決定に至るかというカスタマージャーニーをカラム形式で整理・想定してみましょう。**

**顧客が各ステージで抱く可能性のある心理的状態や、経験する可能性のある活動を、次のような表に整理していきます。**

田中一郎さんのペルソナをベースに書籍発見から業務発注までのカスタマージャーを作成するとこうなります。

| | 認知 ➡ | 興味・関心 ➡ | 購入 ➡ | 体験 ➡ | ロイヤリティ |
|---|---|---|---|---|---|
| 読者ニーズ | デジタルマーケティングに関する最新情報を常に探している | 書籍の内容が自分のニーズに合っているかを確認したい | 購入方法の選定 | 書籍のアドバイスが実際のプロジェクトに役立つことに期待 | 上長、自分のチームにこの書籍を薦める |
| 読者とのタッチポイント | 【オフライン】書店、雑誌(宣伝会議・販促会議) | 本の帯での推薦 | 書　店 | — | — |
| | 【オンライン】SNSで書籍のプロモーション広告、WEBメディア | Amazon書籍レビュー、サンプル章、推薦、著者のインタビューや記事 | 電子書籍版をダウンロードする | 読者特典の提供、メルマガ登録 | 個別コンサル申込み |
| 心理的状態 | 自分の課題と内容がマッチしてそうだ。興味や好奇心が湧く | 第三者評価も高い。これは自分の求めた知識を得られる | 決断を下し、期待が高まる | 案件発注対象として著者の会社をさらに知りたい | 著者の会社に発注を検討したい |

田中さんの心は左から右へ動きます。「①書籍の認知行動(発見行動)」→「②書籍への興味·関心」→「③書籍購入」→「④体験(初期行動)」→「⑤ロイヤリティ(発注意思の形成)」。この階段を昇り、業務発注(商品·サービス購入)へと向かうカスタマージャーニーを想定します。

## STEP4 施策の全体を俯瞰して捉え、予算や優先順位に基づいて最適な組み合わせで実施する

ここまでの**想定を行うことで、著者が見込み客を獲得するための販促プロモーション施策の創出が可能となります。具体的には読者のニーズをとらえ、想定されるタッチポイントでどのような施策を実施すれば、こちらが描いた心理状態に誘導できるかをカスタマージャーニーの各フェーズで想定していきます。**以下は、カスタマージャーニーの各フェーズに対応する具体的な施策の例です。

ここからは、さらに詳しく解説していきます。

### ①認知アクション（書籍を発見してもらう）

**▶目的：田中一郎さんに書籍の存在を知ってもらう**

**30歳でコスメメーカーの新任のSNS販促チームリーダーの田中さんはSNSでの情報収集を行っているのでFacebookやInstagram、TikTokでの書籍宣伝のための広告出稿は有効と考えられます。**また、普段からデジタルマーケティングの最新トレンドにもアンテナを張っているので、WEBメディアのMarkezineや販促会議からも定期的に情報を収集。もしくはメールマガジンに登録していて、上記ジャンルのWEBメディア側からの情報発信に触れている可能性が高いです。**この場合、マーケティング系WEBメディアの有料記事広告として販売している枠を購入し、書籍と関連した記事を掲載する事で認知を獲得できます。**

また、田中さんは書店でも定期的に新刊のデジタルマーケティングの書籍をチェックしていることも十分に考えられます。そこを狙って本の帯にデジタルマーケティング領域にすでに権威のある方から推奨をいただく施策も有効です。

この場合、その場で興味関心から購入に至るというメリットがあります。

## ②興味・関心を抱いてもらう

**▶目的：書籍の内容に興味を持ってもらう**

Facebookやインスタグラムで広告を出稿する場合、amazon書籍販売ページにリンクする場合もあります。しかし、より読者の興味関心にフィットさせるために、さきほどのペルソナを参照しながら、さらに心に刺さる内容を記載した書籍説明ページをリンクすると効果的です。

これはつまり、広告をクリックした先に**LP（ランディングページ）**をつくるということです。このLPは書籍の内容が自分のニーズに合っているかを確認することが目的ですので、「**本著から得られる5大メリット**」など、ノウハウの有益性を強くアピールします。

また、WEBメディアの記事広告枠を活用する場合、LP以上に書籍に紐づいた価値ある情報を掲載できるため、より理解が深まり、購買意欲を高めることが可能です。

また、著者のブログやSNSで書籍の一部を抜粋して紹介したり、関連するトピックの記事を投稿することで、もともと著者の専門性を知る読者に対してリーチすることができます。

※LP（ランディングページ）とは、検索結果やWeb広告、SNS・メルマガなどを経由して訪問者が最初にアクセスする書籍について詳細に説明されたページのこと。

## ③書籍の購入喚起

**▶目的：書籍を購入してもらう**

FacebookやInstagram、TikTokからLPに飛んで書籍の興味関心を引き出した後には、「書籍の発売前にアマゾンで予約購入し、コメントを投稿してくれた方にはアマゾンギフト券をプレゼント！」などのインセンティブを設ける施策が購買を促す施策として非常に有効です。

また、WEBメディア（有料記事広告）を活用した記事投稿を行う際には、記事の巻末に「新刊プレゼントのお知らせ　先着○○名の方にこの書籍をプレゼントします。」というキャンペーン告知を行います。応募の条件として、必要項目を入力してもらう応募フォームを設定します。この施策により、書籍の内容に興味を持った方のメールアドレスや属性情報を獲得できることになります。インセンティブを付与したり、プレゼントキャンペーンを実施することは販売促進に効果が高いため、ぜひ検討していくことをお勧めします。

## ④体験提供（初期行動の喚起）

**▶目的：著者の企業をもっと知りたくなる**

書籍には購入者限定の特典として、読者だけが得られる「1時間無料コンサルテーション」や「○○が成功する無料動画講座」などの特典がもらえる「無料メルマガ（LINE）」の案内を書籍の巻末に掲載し、申し込みを促します。

URLやQRコードからアクセスしたページに、入力フォームを設定し、必要項目を入力して申し込んでもらう手順を踏みます。

書籍の内容に共感した読者は、著者やその企業についてもっと知りたいと考えています。また、この書籍に書かれていることを自社で実践することで、今後の業績向上に役立てたいという気持ちになっています。このような優良なリード顧客を獲得する施策は極めて重要です。

## ⑤ロイヤリティーの確定

**▶目的：デジタルマーケティング案件の発注を検討してもらう**

メールアドレスを活用してメルマガを送信し、読者との関係を深めつつ「個別無料コンサル」を案内します。個別無料コンサルを受けた読者が、チーム内及び上長に著者企業とのお取引を具体的に検討していく運びとなります。

このように、あくまで仮説ではありますがカスタマージャーニーに沿った具体的な販促プロモーションに落とし込むことで、田中一郎さんのようなターゲット読者に効果的にアプローチし、優良リード顧客を獲得する可能性を高めていくことが重要です。また、繰り返しになりますが、各カスタマージャーニーで設定した販促プロモーションは、予算と優先順位の中で最適な組み合わせを採用していきましょう。

## 5-13 書籍購買の初速最大化によるブランディング加速

書籍は、書店等での発売後の約1か月にもっとも売れ行きが集中します。

そして、売れ行きが良くない場合は、時間とともに在庫は返品され、やがて棚には1冊残るだけ、あるいは書店から消えるという状態になります。こうなると、読者の目に留まる可能性は低くなってしまいます。

本を売るにはスタートダッシュと継続的な書店での販売実績づくりが肝心です。

まず、発売直後から売れて初速が上がれば、追加注文が入るなど本の露出が増え、見込み顧客とのタッチポイントが増えていきます。

初速を最大化してその山をできるだけ大きくすること、そして、その初速をどれだけ継続できるかどうかが、読者に認知してもらえるかどうかの分かれ目になります。

初速の最大化とその継続のためには、メディアへの広告出稿が欠かせません。

このとき、最低限押さえておきたいメディアが3つあります。

## ①新聞広告

新聞広告には20～60代の幅広い読者層がいますが、とくに40、50代のエグゼクティブ層へのアプローチには有効です。

エグゼクティブ層は企業で重要な決定権や予算を持っている場合が多く、そうした人たちの目に留まり、書籍を介してコンサルなどの依頼が来るかもしれません。そうした層は社外でのヨコのつながりも強く、周囲に影響力を持っているので、書籍が口コミで広がっていく可能性も大です。

新聞広告はいまなお信頼性が高く、多くの人々が情報源として重要視しています。

「そうか、新聞に掲載される本なんだ!」

新聞広告を見た人には、一瞬にして強いインパクトと信頼感が刷り込まれます。

朝の通勤途中に日経新聞などの広告を見て、気になる本の広告をスマホのスクリーンショットで撮り、帰り道に書店へ探しに行く。そんなビジネスマンも少なくありません。新聞広告はプロモーション戦略のなかで重要な役割を果たし、書籍認知のためには欠かせないメディアです。

実際の新聞広告の例

## ②WEBメディア(有料記事広告)

先ほどのカスタマージャーニー内でも取り上げましたが(WEBメディア有料記事広告)への出稿も有効な手段です。有料記事広告とは、料金を支払ってメディアに自社の商品やサービスを紹介してもらう広告としての記事のことです。パブリシティと異なり、お金を払ってスペースを買うので確実に掲載されるというメリットがあります。またWEBメディアはPV（閲覧数）が圧倒的に多く幅広いオーディエンスにアクセスでき、数万～数十万人にリーチできます。とくに、ターゲットとする読者層が日常的に訪れるサイトでの露出は、ユーザーが書籍を継続的に目にすることになるので、認知度は大幅に高まるでしょう。インターネットの強みは即時性です。書籍発売の情報をリアルタイムで共有できるため、発売前から期待感を煽ることで購買意欲はグッと高まります。

　また、有名なWEBメディアや専門的なサイトの記事広告掲載で、書籍の信頼性や権威が高まり、読者の関心をくすぐります。例えば、書籍の内容をベースにした記事や経営者のインタビュー形式の記事、他の著名人との対談記事形式など、さまざまなフォーマットで書籍の魅力を伝えることができるのです。

DIAMOND online

デスクの引き出しに眠っている「冬眠人脈」
経済損失は1社当たり平均120億円に！

ダイヤモンド社

2023.5.18 4:00

名刺管理サービスなどの普及とともに、社員1人ひとりが交換した名刺を全社で共有し、新たな営業先の開拓や調達先の集約などに役立てる企業が増えている。だが、名刺共有が企業にどれほどの経済効果をもたらしているのかについては、「正直なところ実感しにくい」という経営者が多いのではないか。法人や個人向けにクラウド名刺管理サービスを提供するSansanはこのほど、名刺共有を行った場合と、そうでない場合を推計すると、実に年間120億円の損失になることがわかった。

「冬眠人脈」の掘り起こしは
売上アップに直結する

「自分がもらった名刺は、自分で管理するもの」。そんな意識を持ったビジネスパーソンはいまだに多い。自分にとって重要な顧客の名刺であれば大事にするが、そうでない名刺はデスクの引き出しの奥に入れ、やがて存在すら忘れてしまう。

問い合わせ先

ダイヤモンド社

〒150-8409
東京都渋谷区神宮前6-12-17 ダイヤモンドビル

03-5778-7200

https://www.diamond.co.jp/

詳細はこちら

引用：ダイヤモンドオンライン

▶[メディア活用事例]

## サイト上で書籍をプレゼントしてメールアドレスを獲得

東京都内の投資用ビル物件を仲介する株式会社Agnostriの青木龍社長は、不動産投資サイト「楽待」上で自身の書籍をプレゼントするという施策を実施しました。書籍プレゼントの応募フォームには、住所、氏名、連絡先、メールアドレス、職業(法人名)、知りたい情報や興味あるテーマなどを記入する欄を設けました。

こうして、フォームで応募してきた人のメールアドレスや情報が記されたリストを入手。書籍プレゼントによりエンゲージが高まっているところで、読者とコミュニケーションをとり、自社の不動産投資事業へのアプローチに活用しました。WEBメディアに広告出稿を行うだけではなく、見込み顧客を直接発掘するためのアイデアとして注目したい手法です。

**築60年なのに満室も、中小企業の経営者が都心の「Cグレードビル」に投資すべき理由**

一棟ビルよりも少額でスタート可能、アパートやマンションにはない区分ビル投資の魅力

楽待編集部(PR) | 2024.2.22

シェア　ポスト

3.31まで期間限定 ダウンロード期限迫る!

青木氏はまた、区分投資には「メリットを分散できる利点がある」と強調する。リスクではなく、メリットを分散するとはどのような意味なのか。

「例えば10億円を投資する場合、

け持つのではなく、ワンフロア2

都心5区の各区に1部屋ずつ所有す

なぜこのような分散がメリットに

額の利益が得られる可能性がある

「都心にはたくさんの大規模オフ

**【新刊プレゼントのお知らせ】**

株式会社Agnostriの青木龍代表が出版した2冊目の書籍『御社の新しい収益基盤を構築する 区分オフィスビル投資術』を、**先着100名**の方にプレゼントします。一棟よりも少額でスタートできる区分オフィスビル投資の魅力、そして具体的な投資の実践方法を、事例も踏まえて紹介。本業を助ける「第二の財布」をつくる方法が学べます。

>>ご応募はこちら<<

>>株式会社Agnostriについてはこちら<<

引用:楽待

書籍プレゼント応募フォーム㈱Agnostri

この度は、当社の記事をご拝読いただきありがとうございます。
下記アンケートの送信をお願いいたします。
また、ご記入いただいた個人情報につきましては、書籍のご郵送にのみ利用いたします。

* 必須の質問です

メールアドレス *

メールアドレス

agnostri.com

AGNOSTRI

記事に関する関心度 *

- とても興味がある
- 興味がある
- 興味がない
- 全く興味がない

関心度に関する理由 *

回答を入力

お名前 *

回答を入力

電話番号 *

回答を入力

携帯番号（日中連絡がつきやすいご連絡先） *

回答を入力

法人・個人 *

- 法人
- 個人

※書籍に関する関心度の選択項目を設け、読者の興味･関心度を測る

## ③Amazon広告

Amazonは、書籍の売り場として大きな市場と影響力を誇ります。Amazon広告では、読者が検索するキーワードや関連する書籍と結びつけて広告が表示されるので、興味を持つ可能性が高いターゲット読者に直接アプローチすることができます。

書籍は毎月続々と新刊が出ますが、Amazon広告に掲載することで、多くの競合のなかでも見つかりやすくなります。発売初期に書籍の認知度を大幅に高めるだけでなく、継続的に活用することでネット購入が長期間にわたって安定する効果も期待できます。

もう少し詳しくご説明しますと、Amazon広告では自動ターゲティング、手動ターゲティングを使い分けることができます。

「自動ターゲティング」とは、広告をクリックしたユーザー情報をもとに、より広告をクリックする可能性の高いユーザーを特定して自動的にターゲティングできる機能です。

「手動ターゲティング」は、以下の3つに分けられます。

**▶1.キーワードターゲティング**

ユーザーが検索するキーワードを個別に設定することで、検索結果ページや関連商品ページに広告を表示できます。例えば、「ビジネス書」と設定すると、そのキーワードを検索した際に広告が表示されます。

**▶2.商品ターゲティング**

Amazonに登録されている商品カテゴリーや特定の商品に関連付けて広告を表示する方法です。たとえば、「文房具」カテゴリーや特定の手帳商品ページに広告を出すことが可能です。

**▶3.興味・関心ターゲティング**

ユーザーの過去の閲覧履歴や購入履歴をもとに、あらかじめ設定された興味・関心のカテゴリーを指定して広告を表示します。たとえば、「読書好き」や「起業関連」に興味のあるユーザーをターゲットにできます。

こうしたターゲティングを効率的に使い分けることで、関心の高い読者にリーチすることができます。これが直接的な購入に結びつき、売上の増加が期待できるでしょう。実際の運用は、出版社に依頼をしておこなってもらうのが良いでしょう。Amazon広告予算を出版社に数十万円先払いし、定期的に効果測定などをおこなうのが得策と言えます。実施すれば確実に成果がでるのでおすすめの施策と言えます。

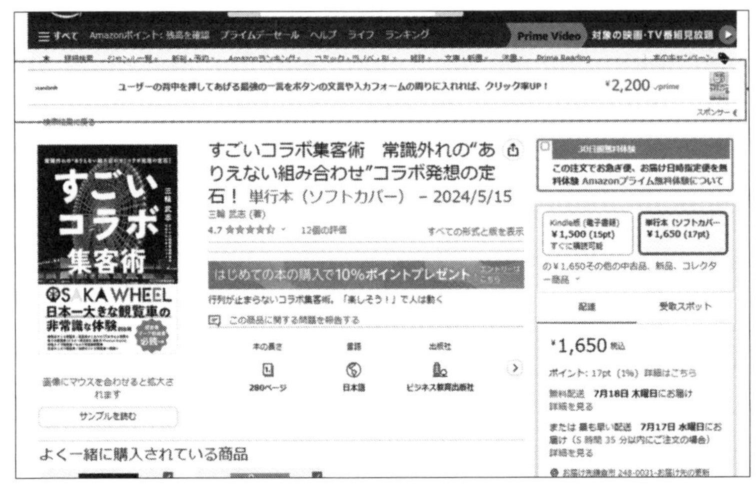

引用:amazon.co.jp販売ページ

## 5-14 書籍を営業活動に活用する

書籍を出版したあとは、その価値を最大限に活かして営業活動をしましょう。以下に紹介するのは、定石ともいえる重要な見込み客獲得の施策です。

### ①献本の効果的な活用方法

献本とは、既存顧客、潜在顧客、そして過去に取引のあった顧客に書籍を無料で進呈することです。

企業の社長や意思決定に関わる人物が執筆したビジネス実用書の場合、献本のターゲットは大きく次の2つが考えられます。

### A:既存顧客

既存顧客であればすでに社内にリストがあるはずです。それをもとに、事前に献本リストを作成しておきます。また、発売前からティーザー告知が可能ならアプローチしましょう。

ティーザー告知(広告)というのは、商品を大々的に取り上げずに、断片的な情報だけを公開して生活者の興味を引くことを意図したプロモーションのことです。情報をあえて小出しにすることで相手を焦らし、好奇心や期待をふくらませるのです。

あるいは、自社の営業担当から「実は今度、うちの社長の本が出版されるんです」とクライアントにさりげなく伝えてもらいましょう。本のタイトルなどは出版前は原則非公開ですが、本が出るという情報や書籍テーマなどを出版社の許可をとって事前に周囲の関係者へ拡散するのは効果的な方法です。

これは本の宣伝という意味だけではなく、既存顧客とのさらなる関係構築に有効ですし、お付き合いが薄くなった顧客に献本することで休眠顧客の掘り起こしにもつながります。

### B:商工会議所やビジネス交流会

企業や役員クラスの顧客開拓のためには、商工会議所やビジネス交流会のメンバーへの手渡し、あるいは送付も効果的です。

主な理由は次の2つです。

### ▶ターゲット層に直接アプローチできる

商工会議所やビジネス交流会は企業が集まる組織です。多くの場合、その会員は地域の経営者やビジネスリーダーたちです。ここのメンバーに献本することで、ターゲットになる層へダイレクトにアプローチできます。

これをきっかけに、商工会議所の総会など定期的な集まりに顔を出す機会も生まれてきます。一度出席すれば20〜30人の経営者たちに出会えます。これを続ければ、多くの見込み客と接点を持つ機会を増やせます。

### ▶ネットワーキングとビジネスの機会創出につながる

商工会議所やビジネス交流会のメンバーに書籍を送付し、その内容が評価されると、書籍をもとにしたセミナーやワークショップの開催を提案する絶好の機会が生まれます。

これは著者にとって貴重なネットワーキングの場となり、将来のビジネスチャンスが大きく広がります。

また、ひとたびネットワーク内で書籍が認知され、セミナーなどの形で活用されると、その露出は一過性だけのものではなくなります。セミナーの参加者や商工会議所、ビジネス交流会のメンバーを通じて、口コミや推薦の形で情報が拡散され、それが企業や書籍の認知度向上や信頼性の強化につながり、長期的にブランド価値を高める効果が期待できます。

このように、商工会議所、ビジネス交流会への献本は多面的なメリットをもたらすプロモーション施策です。

また、たまたま書籍を購入した読者が商工会議所や、ビジネス交流会のメンバーである可能性もあります。メルマガ登録などでそうした読者との接点ができれば、ビジネスチャンスはさらに広がっていくでしょう。

### ②展示会プロモーション

書籍出版を起点に見込み客を獲得するための営業活動の2つめが「展示会プロモーション」です。

展示会というのは、東京ビックサイト、幕張メッセ、インテックス大阪、ポートメッセなごやなどで、企業が自社の商品・サービスを展示して宣伝するイベントの一種です。書籍の出版を機に、こうした展示会に出展して見込み客にアプローチしていきます。

**展示会コンサルタント、清永健一氏（株式会社展示会営業マーケティング代表取締役）は、以下のようにアドバイスします。**

**「展示会出展の際に、出版した書籍の書影を大きなボードにして掲示したり、来場者に配布することで、圧倒的に目立つだけでなく、大きな信頼獲得にもつながり、他の出展者との差別化にもなります。」**

**このように展示会との併用は大きな効果が期待できます。**

展示会は、中小企業が勝負できる数少ないチャンスでもあります。展示会は、出展すれば、特定のテーマに関心のある数百〜数千の見込み客と高い確率で出会えるのです。

そして、多くの人に、直接商品・サービスを体験・体感してもらい、その場で見込み客のリアクションを収集することもできます。

短期的な戦略として、このアドバンテージはとても魅力的です。

世の中にはたくさんの展示会があります。書籍出版は絶好のチャンスです。ぜひ、展示会への出展を考えてみてください。書籍という信頼性の高いツールを武器に出展すれば、他企業との大きな差別化になることは間違いありません。

検索サイトで「展示会・カレンダー」のキーワードで検索すると、展示会の予定が記載されたサイトが表示されます。自社にあった展示会を見つけて、おおいに活用しましょう。

## 効果的な展示会選びのコツ

これだけたくさんの展示会があると、どこに出展すればいいのか迷ってしまいます。

そこで重要になるのが、展示会の選び方です。そのコツの1つが「ギャップを狙う」ということです。

たとえば、もともとマーケティングを生業にしている会社が"マーケティングエキスポ"的な展示会に出展すると、まわりは同業者ばかり。相当、突出した特徴がないと埋もれてしまいます。

ギャップを狙った一例として、マーケティング会社がテクノロジー関連の展示会に出展したケースがあります。

小さなブースサイズだったので2日間で獲得できるリードは当初200程度と見込んでいました。ところが、フタを開けてみたら、その3倍の600リードを獲得することができました。

**そこで実感したのが、「違和感のあるブースには人が集まる」ということでした。横並びの出展枠で戦うのではなく、目立つところで勝負したほうが来場者の目に留まりやすく、より効果的なプロモーションができるのではないかと思います。**

こんな例もあります。

食品メーカーが自社製品の調味料を売り込むために、ある展示会に出展しました。それは、企業の総務・人事・経理など「バックオフィス向け展示会」でした。その食品メーカーは消費者に調味料を売るのではなく、**自社製品を企業のお歳暮・お土産として使ってもらうことを狙っていたのです。**そのため、本来であれば"フードエキスポ"のような展示会を選ぶところですが、あえてバックオフィス向けの展示会に出展したのです。

そのギャップを狙った作戦が功を奏し、見事多数の集客に成功しました。

**書籍出版は、展示会への出展に際しても大きな差別化になります。「本を出した」ということは集客に大きな効果をもたらし、来場者に、「本を出すほど明確なエビデンスのある商品・サービスだ」という印象を残します。**

ただし、そこには明確なシナリオが必要です。

出版起点ブランディングを前提に出展する際は、書籍をベースとしたブースづくりをする必要があります。展示会は一種のお祭りです。ひと目で本を出したことがわかるような、圧倒的な差別化演出で、来場者の注目を集めたいものです。

「1秒ルール」というものがあります。人が何かに興味を持つ場合、パッと見て1秒以内で決めると言われています。ですから、いかに目立つかということがとても大事です。

参考図書：展示会のプロが発見！儲かっている会社は1年に「1回」しか営業しない　清永健一（著）　ごま書房新社

歩きながら展示会のブースを見て回る来場者が、1秒以内で展示内容を伝えて興味を抱かせるような装飾を心がけましょう。ポイントは、誰にどんなメッセージを伝え、どんな心理変容を起こしたいのかを考えることです。そこにはマーケティング的な視点も必要になります。

このように、展示会はリード獲得のための大きなチャンスですが、その場で取引が決まるということはまずありません。ですから、アフターフォローを計画しておくことが必要です。

あらかじめセミナーを企画しておき、展示会で獲得した見込み客に、「後日、セミナーがあるのでいかがですか?」とフォローしましょう。そうした段階的なシナリオ設計が重要だと思います。

6章

# 書籍出版が“パーパスとブランド”を強くする

自社が存在する理由は何なのか?

## 6-1 ブランドとは?

「自社のブランドを強くしたい!」

自社ブランド強化のために日々、多くのビジネスリーダーが命がけの努力をしています。

6章では、書籍出版を活用して、企業のブランディングをどのような視点でおこなえばいいか? についてお伝えします。

では、唐突ですがさっそく質問です!

**Q.ブランドとは何でしょうか?**

答えは…

**A.その企業の商品・サービスが「社会に存在する理由」です。**

次に本題の質問です。

**Q.ブランディングとは何?**

うーん…、なかなか、難しい・・・

間違ってもいいので! 自分の言葉で書いてみましょう!

答えは・・・

**A.その会社の「生き様を見せること」です。**

生き様―それは、人間に例えたときに、

「仕事ができる！」「金持ちだ！」「東大卒だ！」・・・

ではありません。

それらは、“生きる様”ではなく「状態」「結果」にすぎません。

生き様とは・・・・

「アイツは不器用なとこあるけど、自分の道を真っ直ぐ生きてて、ロマンがあるよなあ」

「我が子の人生を良くするために、いつも髪を振り乱して、夜も眠らずに一生懸命だった。そんな母だったなぁ・・」

このように感情を動かす“あり方”こそが“生き様”と言えます。

アクション映画の主人公に例えて考えてみましょう。

「お人よしで、女性に弱くて、満身創痍であぶなっかしいけどタフ・・そして、絶対に友だちを見捨てない・・（だから好き！）」

これもまた“生き様”です。

ファンたちは「その人らしさ」や「キャラクター」に無償の愛を抱き、企業に対しても同じことが言えます。

**「生き様」を見せることで、共感され、無償の愛を受け、応援される企業になる。このためのステージづくりを担うのがブランディングです。**

ここで大切なことがあります。

それは、人間の生き様も、企業の生き様も1日や2日ではつくれない！ということ。言い換えれば、**表面上だけカッコよく飾っても、それは生き様ではない**ということです。

**ブランドとは、これまで自社が歩んできた歴史から滲み出る「会社の人格や“らしさ”」**

**そのもの。自社の歴史のなかに、普段の社内の習慣の深いところに「ダイヤの原石」のように存在していている”ありかた“のことです。**

**それらを掘り起こし、磨いて世の中に示すための作業—それが本当の意味でのブランディングということになります。**

**書籍の制作の過程で、大量の言語の棚卸の中から発掘した「大切な自社の核＝自社らしい愛される人格」を書籍や各種メディア、イベント、講演など、マーケティング、PRアクションとも絡めて、伝えてゆくことが大切と言えます。**

## 6-2 なぜ今、“ブランディング”なのか？

先述のとおり、今は広告が効かない時代と言われています。「この商品が良い！」と、どれだけ宣伝しても生活者は振り向いてくれない――　一歩間違えば、広告を打つこと自体が“ネガティブ・キャンペーン”になってしまうことすらあります。

そこで、**顧客に認めてもらうために「商品の優位性」ではなく「商品の根本的な存在理由」を前面に打ち出していくことが大切といえます。**

とくに、生活者が商品やサービスの社会・文化的価値に重きをおく、イミ消費の時代、**そうした企業の気迫に共感して彼らは消費行動を起こします。**だからこそ、自社の存在理由や意思を明確にして、それら表現するブランディングという手法がますます重要になっているのです。

ここで念のため、マーケティング、宣伝（広告）、PR、ブランディングを混同しないように整理しておきましょう。

「**私たちの商品は素晴らしい商品です**」とたくさんの人に知ってもらう行為が**マーケティング。**

**これを連呼することが「宣伝（広告）」**

「**あの商品は素晴らしい商品ですね**」と第三者がイメージするように仕向ける。**これがPR（広報）。**

**これに対してブランディングというのは、「この商品は素晴らしいし、大好きです！」と顧客から声を上げて、推して貰う。こういった"状態をつくる"ことを意味します。顧客以外の第三者ではなく顧客自身が声を発したくなる状態をつくるには、スペックの良さだけでなく、生き様、在り方が好き！と応援される状態が不可欠になってくるのです。**

マーケティング、広告、広報（PR）、ブランディングの違い

## 6-3 書籍出版でブランドのパーパスが定まる

経営者が常に悩み続けるテーマ。それが「自分たちのブランドをどう言語化すればいいのか？」ということです。

わかりやすく言えば、自分たちのブランドをどんなキャッチコピーに落としこめばいいのということです。

ここで、ある事実に気づきます。

それが「**書籍出版によって、自社ブランドの特徴が言語化され、すでにシンプルな言葉に集約されている**」ということです。

**書籍をつくる工程では、自社の強み、歴史、理念、体験、実績、トラブル、人材育成など、あらゆる社内の価値を膨大な文字量で言語化することになります。文字数は8万文字以上にも達し、創業以来過去最大規模での「自社バリューの棚卸し（言語化）」が行われることになります。**

**つまり「書籍から、重要なエッセンスを抽出、集約し、磨き上げた言語――それらが、パーパスになる。自社ブランドの特徴が言語化され、端的な言葉に集約される」ということです。**

ここまでの膨大な作業を経た「言語集約化」の作業の機会は、通常業務のなかでは、まずありえないことです。

パーパスをつくる。自社のブランドを言語化する。これは会社の「憲法」をつくるということでもあります。それがクリエイティブを含めたすべての表現のための設計図の大元となります。設計図も持たずに、各人が好き勝手に表現してもブランドは確立できません。

**それを書籍出版を通じておこなってしまうということです。**

これまでの**出版起点ブラディングの現場で「この章のこのあたりの文章は、弊社で一番大事な信念です。これらを磨いて、パーパスにして貰えませんか？」というオーダーを受けることがあります。それだけ、書籍化はパーパス作成によるブランディングと“親和性のある作業”とも言えるのです。**

## 6-4 10分でできる！ブランディング診断

客観的な視点でブランディング診断を行うことで、当たり前になっていた曖昧な表現や、時代遅れな言語表現に気が付くことがあります。ましてやSNSの時代、日々次から次へと新しいコミュニケーション方法が生まれているので、自社のブランディングが陳腐化しないためにも、定期的にブランディング診断を行うことが重要です。

まず、「自社のブランディングレベル」を検証するための重要な診断ポイントをお伝えします。

**それは、自社の「核になるコンセプト＝パーパス」と、全メディアにおけるブランドコミュニケーション活動が首尾一貫しているかどうか？ということ。**

すでにお話ししましたが、パーパスとは「企業としての存在意義」のこと。

**「経営理念」よりもさらに「社会とのつながり」を強く意識したものと言えます。**

もともとパーパスは「目的」「意図」という意味ですが、先述のとおり「存在意義」を表す言葉となり、企業経営において重視されています。

過去にブランディング診断をおこなったクライアントは、歴史ある大企業や、上場を目前にしている企業、経営者が大きく入れ替わった企業、これから新たにビジネスを立ち上げる会社など、様々です。より良い自社の「らしさ」の打ち出し方を客観的視点で見出したい、そんなタイミングで実施されることが多いと言えます。

では、さっそく自社のブランディングレベルについて7つのステップで診断していきましょう。

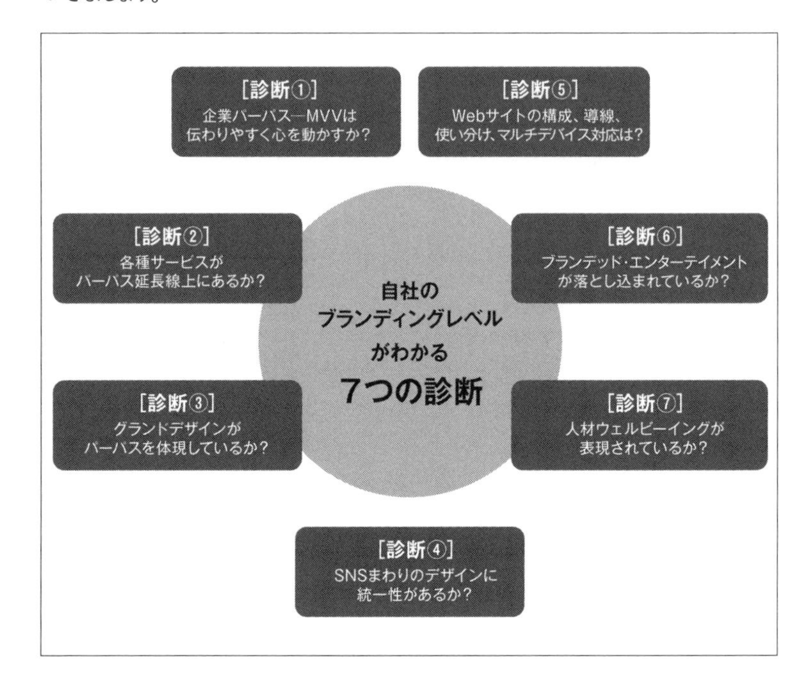


## 診断①　企業パーパス―MVVは伝わりやすく心を動かすか?

これまで多くの企業が、経営理念としてMMV(ミッション:Mission、ビジョン:Vision、バリュー:Value)を掲げてきました。

それが、いまではPDB(パーパス:Purpose、ドリーム:Dream、ビリーフ:Belief)

にシフトしてきていると言われています。

ミッションは「使命」、つまり神から与えられた指示というニュアンスがあります。ビジョンは「構想」、バリューは「価値観」を意味しますが、どうしてもきれいごとになり、“額縁に入れて会社の壁に貼っておくもの”で終わってしまいがちです。

「こうしなければならない」という外からの押し付け感が強く、社員からも社会からも共感が得にくいのです。

一方、パーパスには自分たちの内から湧き出てくる熱量が伴い「自分たちの会社はこれをやらないと生きていけない集団だ！」のような気迫が感じられます。

そして、ドリームは自社の「夢」であり、リアリティのある想いです。ビリーフは「信念」、やはり社員一人ひとりの中に刻み込まれる強い想いです。

これらは経営者が発信してもよいし、ブランドとして発信してもよいのですが、その気迫に世の中の人たちが賛同するかどうかが問われます。

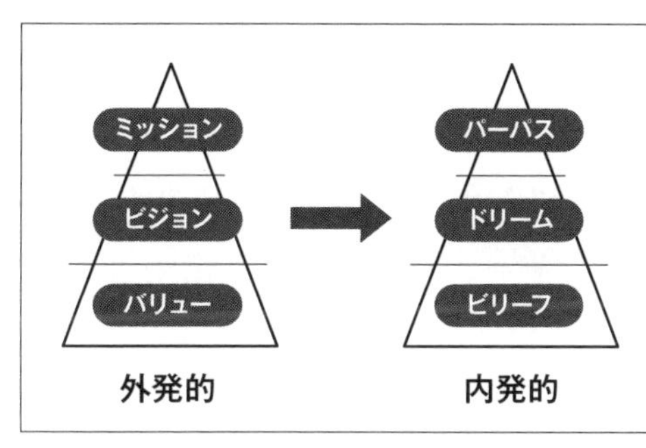


企業によって表現の仕方は異なる。一般的に多くみられるのが、図のようなMVVピラミッドと言われる形式。上位概念（使命感）として「ミッション」や「パーパス」があり、その下の「ビジョン」や「バリュー」または、「ドリーム」や「ビリーフ」に影響を及ぼす。

出典:『パーパス経営 30年先の視点から現在を捉える』著:名和高司氏より引用

## 借りてきた言葉、特徴のない言葉は使わない

パーパス経営を目指しながら、表現としてはMVVで再定義する企業も少なくありません。ただ、いずれにしてもパーパスがいちばん上位の概念として存在します。気をつけたいのは、契約書のような言葉で表現されたり、どこからか借りてきた言葉

を切り貼りしたようなケース。そこからは熱意も存在意義も感じられません。

重要なのは企業のブランド価値が伝わりやすく、心を動かすかどうかということです。要するに企業の核になるブランドの価値を「1行で言い切る」ことがポイントです。文章が長くなると意味が曖昧になってしまいます。

**「あなたの会社の存在意義は何ですか？」そう聞かれたときに、即座に一言でシンプル答えられるものでなければなりません。これらすべてが、書籍の文章の中にちりばめられているケースが多く、文中から心動かす言葉を探し出し、拾い上げて活用します。**

## シンプルなリズムを意識する

秀逸なパーパスの例としては、次のようなものがあります。

**▶Apple社「Think different」**

アップル社には「世界を変える」という企業哲学があります。Think differentは発想を変える、ものの見方を変えるという意味ですが、短く言い切ることでパーパスに強さを与えることに成功しています。

**▶パタゴニア社「私たちは、故郷である地球を救うためにビジネスを営む」**

強いパーパスで有名な例としては、パタゴニアがあります。「私たちは、故郷である地球を救うためにビジネスを営む」。これもまた、あえて「スパッと言い切る！」ことにより「企業の生き様」がより高い解像度とインパクトで伝わっています。

「地球が私たちの唯一の株主」と言い切るその姿に、「パタゴニア信者」とよばれるリピート客が生まれているとも考察できます。

**▶講談社「Inspire Impossible Stories」**

Impossibleには不可能というネガティブな意味もありますが、この単語からは

「まだ見たこともない語られたこともない」という意味が感じ取れます。グローバル総合出版社を目指すために創られたのが「Inspire Impossible Stories」というパーパスと考察できます。

逆に、伝わらないパーパスはどういうものでしょうか？　次の3つです。

**①英語を無意味に多用する**

日本語で説明できないような英語に頼るパターン。

**②古い言葉を使っている**

未だに"ユビキタス社会"といったような死語に近い表現を使っている例も。

**③どこの企業でも使っている当たり前の言葉を使う**

たとえば、「お客様の信頼と満足のために」「お客様ファースト」…これではその会社の文化が見えません。

**パーパスとはいわばブランドの"へそ"です。「円のど真ん中に何を置くか？」という企業の覚悟でもあります。そこに共感した生活者はその企業の商品・サービスのファンになりますし、そこに賛同した社員からは高いエンゲージメントを得られるでしょう。あなたの会社の覚悟をクリアに可視化することで賛同者は得られやすくなります。そのために、書籍を起点としたブランディングは大いに役立つはずです。**

出典：https://www.foresight.ext.hitachi.co.jp/_ct/17469872

## 診断②　各種サービスがパーパス延長線上にあるか？

「私たちの会社の生き様は○○です！」

と腹をくくった短いパーパスをつくることが大切さについて、おわかりいただけたと思います。

では、次の留意点です。

パーパスを提示しても、それと相反する商品・サービスを展開してしまっては全く説得力がありません。しかし、一見パーパスと関係ないところで商品・サービスを展開していたとしても、「Why?」、つまりその理由が明確であればそれはパーパスを体現することになります。

たとえば、「富士フイルム」は2006年に化粧品事業に参入しました。そのとき多くの人が「なぜ、富士フイルムが?」と思いました。それに対して、作り手側は「なぜなら、富士フイルムだから」という明確な答えを持っていました。実は、化粧品を作るために必要な技術は、写真のフォルムを製造する時のそれと親和性が高いのです。フィルムの主原料であるコラーゲンの研究や、写真の色褪せ防止の抗酸化技術、光解析・コントロール技術、成分を極小化するナノ化技術、これらが全て化粧品で活用できるという背景があったのです。

**以前から富士フイルムは、ナノレベルで美しく発色させる写真フィルムを展開してきました。その技術を化粧品に応用した。「富士フイルムだからできる」という技術を化粧品に落とし込んだわけです。**ただし、それが生活者に受け入れられるためには説明が必要です。**「Why富士フイルム?」に対する「Because 富士フイルム」という答えです。そして、「富士フイルムはナノレベルの発色に命をかけています!」という覚悟です。**そのためルナメアという新化粧品ブランドの販売当時は、化粧品に含まれるナノレベルの成分をキャラクターとして可視化して説明するクリエイティブを展開したりしました。

出典:野中郁次郎の成功の本質/ハイパフォーマンスを生む現場を科学するより引用
https://www.works-i.com/works/item/w115-seikou.pdf

## 新規事業と「自社パーパスとの親和性」を説明する

本業の不振を背景に、突然、自社のパーパスからかけ離れた商品・サービスに手を出す企業も少なくありません。

理由は単に「儲かりそうだから」……。それでは辻褄が合わず、クレバーな一手ではありません。

このネット時代、生活者はその企業が腹をくくっているかどうかを厳しい目で注視しています。

また、自社のブランドの延長線上で新規事業に参入した企業でも、明確な理由を説明できないために損をしているケースがたくさんあります。

もしかしたら、新規事業でスケールしないのは、自社のパーパスが明確に伝わっていないからなのかもしれません。

## 診断③　グランドデザインがパーパスを体現しているか？

企業が展開するブランドを象徴するデザイン図案などの基本を「グランドデザイン」といいます。共通して使用するロゴタイプや基調カラー、シンボルなどです。

たとえば、「大和ハウス」であれば、ハートレッドという赤と、エンドレスハートと呼ばれるシンボルです。これを軸にあらゆるコミュニケーションを展開しています。

ブランディングに意識的な企業であれば、いずれもこうしたグランドデザインを定めています。グランドデザインがなければ、パーパスやブランドアイデンティティ、キャッチコピーなどを掲げたとしても、最終的にデザインに落とし込むときにバラバラな印象になってしまいます。これではブランディングはうまくいきません。

たとえば、本来のロゴマークの色が赤なのにホームページでは黄色になっている。企業のブランドカラーとホームページの基調カラーが違う。「嘘でしょ?」と思うかもしれませんが、そんなケースはときどき見られます。

グランドデザインを決めていない企業は、まずそこから始めてください。

そして、重要なのはここからです。

グランドデザインはパーパスを体現したものでなければなりません。その企業がどんなパーパスを掲げるかによって、グランドデザインのコンセプトや方向性はおのずと決まってきます。

引用・出典：https://www.daiwahouse.co.jp/about/heart.html

## ルールブックに準拠した統一デザインを

パーパスを体現したグランドデザインをつくるためには、ルールブックをつくっておくことをオススメします。たとえば、「こういう場合にはこの色を使う」といったルールを定めておくのです。

ここで犯しがちなミスは、「新人が担当者になったときやデザイン会社を変えたときなどに、もともとのデザインが踏襲されない」「SNSを始めたときに独断で意味のないアイコンをつくってしまう」といったものです。これではブランドとしての統一感、つまりブランドアイデンティティ(BI)が失われてしまいます。

**ブランドアイデンティティは、企業や商品・サービスの持つ独自性や特徴、価値観などを表現するためのビジュアルな概念のこと。それは生活者にとって、その企業がどのようなブランドであるかを印象づける"識別記号"です。**

かつてコーポレートアイデンティティ(CI)という言葉がありました。これはその名のとおり「会社の理念」のみを表現するものでした。

ブランドアイデンティティはさらに広い概念で、企業そのものを体現することもあれば、商品・サービスに宿る場合もあります。

人はブランドの記号とそのブランドの価値を無意識に結びつけて判断します。

企業ブランディング、リブランディングに際しては、生活者に対して一貫性のあるブランド体験を提供することを心がけてください。

## デザインが一人歩きすることを前提とする

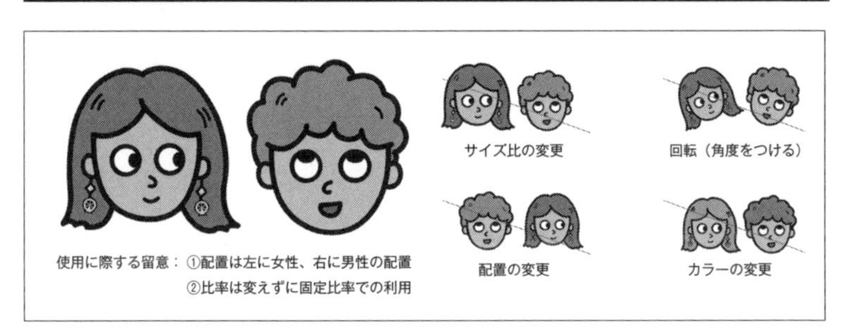


こちらは日本一の大観覧車で有名な、オオサカホイールのファサードをPublishing Brandingチームでデザイン制作した時の仕様書です。「日本一高い大観覧車」というファクトの裏には、実は、同時に、「日本一楽しんでもらえるワクワクするような観覧車でありたい」というパーパスが存在します。これをより直感的に理解してもらうために、キービジュアルとしてキャラクターを開発しました。そして、その

キャラクターが今後一人歩きすることを想定し、以下のようなレギュレーション（規定書）を用意しました。ここでは、OKな表現と、NGな使用例を明確認してあります。

同様に、こちらは、Publishing Brandingで出版をお手伝いさせて頂いた人材会社ウィンスリーの新サービス「デジマJUMP」のロゴを新たに開発した時の例。こちらはまだ世に存在していないサービスブランドのため、今後、担当の方が様々な場所でロゴを使って露出していく時に、表現方法を悩まない様に、ロゴを配置する時の、OKな表現、NGな使用例を、あらかじめ書面で明確にしました。

## 診断④　SNSまわりのデザインに統一性があるか？

SNSが大きなインパクトを持つメディアとなっている現在、そのデザインにも細やかな気配りが必要です。

せっかくグランドデザインを決めても、SNSまわりのデザインで間違えてしまう企業が最近増えています。

**なぜかというと、経営者や役員レベルの人はそもそもTikTokやInstagramを自らやっていない人が多く、新人など20代の社員に丸投げするケースが多いからです。その結果、SNSの内容がパーパスを体現しないものになってしまうことがあります。**

たとえば、会社のまわりのレストランをひたすら紹介したり、一貫性なくSNSで流行っている音楽を使うのもそれに値します。その会社が発信しているブランドとは全く関係のない情報発信になってしまうのです。

## ブランド管理をするクリエイティブディレクターを立てる

デザインディレクションのスキルを持った、クリエイティブディレクター(ブランド管理者)を立てて、コーポレートサイト、ブランドサイト、そのほかの自社Web系サイトとSNSのコンセプトやデザインが同じトーンになるようにチェックしながら進めることです。瞬発力でSNSをアップするのではなく、1か月なりの期間のコンテンツメニューをあらかじめつくって、計画的に配信するようにすることも重要です。その上で、予測できなかったトラブル(災害、事件、商品回収など)や、急な予定の変更(プロモーションの見直し、金額変更、完売情報など)の瞬発力が必要な情報はクリエイティブディレクターと相談しながら単発的にアップするようにします。

## ゴミ投稿を増やさない

SNSの場合、リアクションが少なかった投稿は、SNSのプラットフォーム側が「エンゲージメントが低い」と評価して露出率を減らす仕組みになっています。つまり、反応の少ないコンテンツは必然的に表示されなくなるのです。

よほどの覚悟を持ってブランドの価値を踏襲したコンテンツを発信しないと、逆ブランディンディングになってしまうことも。好き勝手な投稿をすることで、全く違う意図でとらえられ、炎上してしまうこともあるでしょう。

**結果として、自社の魅力をアピールできないので、ブランド力が弱くなってしまうのです。**

**SNSのコンテンツやデザインがブランドアイデンティティから乖離すると、その企業や商品・サービスに対する愛着がなくなっていき、少しずつ顧客離れが進んでしまいます。**

いずれにしても、クリエイティブディレクターなどブランド管理者を立てることはメディアコミュニケーションにおいては必須です。

SNSまわりのデザインも同様で、ブランドアイデンティティとのちょっとしたズレであっても、見ている人に違和感を与えます。デザインに統一感がないと、それはブランド向上に全く寄与しないだけでなく、結果的に逆効果になってしまうこともあります。

大手アパレル企業の、新ビーチカルチャーブランドを立ち上げた時のことです。頼りになるバックボーンがまだ存在しない中、どのようなSNSコンテンツを投稿するか、かなりの時間を費やしながら、数々の企画提案を経て、慎重にコンテンツを制作していきました。

新たに立ち上げる新ブランドであればあるほど、初動の印象づけが重要になりますので、クリエイティブディレクターによるディレクション（方向性の提示）、そしてこれを実施するかどうかの経営判断、さらには実行舞台による編集方針、この三位一体な運営体制が肝でした。これらを慎重に行なった結果、当ブランドの場合は、半年で2万人のオーガニックなフォロワーを獲得できることができました。

ちなみに、このような状況で予算を削り、社内でSNSを得意とする新入社員に任せてしまうケースがあります。ラッキーパンチが当たることもありますが、これはレアケースです。ディレクション経験のない人間が新ブランドの未来を一手に背負ってSNSの責任者となる重みが、本人のキャパを超えるケースもあります。

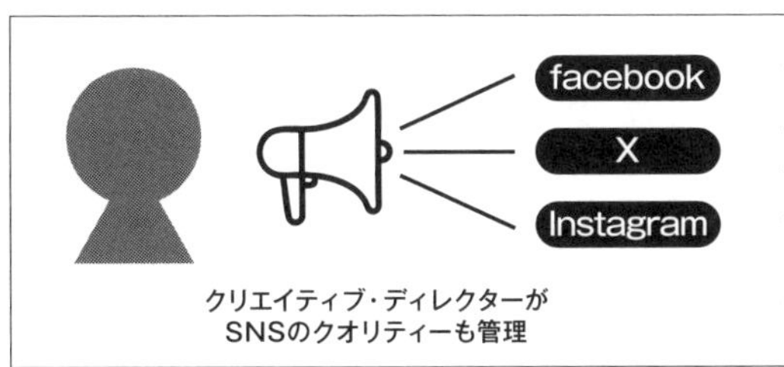


ブランディングの戦場はSNS上にあり、全メディア、一貫したデザインを徹底。SNSコンテンツ運用にもしっかりと気を配る社内体制を作ろう

## 診断⑤　Webサイトの構成、導線、使い分け、マルチデバイス対応は?

近年、Webサイトの多様化が目につきます。出力デバイスが増えていることもひとつの理由です。

「とりあえず、会社のホームページをつくっておけばいい」そんな時代は終わりました。

ホームページのグローバルメニューに、戦略なくして自社の紹介や社長ブログなどを掲載してももはや効果はほぼありません。

ランディングページ(LP)だけのブランドもあれば、ターゲット層に応じてスマホメインのホームページ、動画を中心としたコミュニケーションを展開する企業ページをつくるなど、目的によってWebサイトを使い分ける企業が、ブランディングに成功しています。

### メディアを絞り込む!

仮にターゲットが完全にZ世代であればPC表示に重きを置くよりiPhoneなどスマホ対応だけに絞っても良いかもしれません。また、10代向けの化粧品の

SNS広告の露出先としてはFacebookを外しても良いかもしれません。

**「不要な部分はあえて捨てて、メインターゲットにフォーカスする!」**

これも一種のブランディングです。こうしたブランドとしての潔さに、生活者は敏感に共鳴します。

**何のためにWebサイトをつくるのか?**

その答えを探るためにも、パーパスに遡って考える必要があります。**明確なパーパスが定まっていれば、サイトのあり方もおのずと決まってきます。**大元の憲法があるからこそサイトの構成も見えてくるわけです。

## デバイス進化にあわせUI/UXも進化させる

最近のWebサイトはどんどんスクロールダウンする(ページの下側に移動する)ものが増えていますが、これはスマホの影響です。

こうしたページは、入口はライトな情報にして、興味や関心によってスクロールダウンしていくにつれて、どんどん深い情報になっていき、思わずクリックするといった設計になっています。

このように、細かいUI/UX(ユーザーインタフェイス/ユーザーエクスペリエンス)も日々進化しています。それに伴ってホームページも進化させていかなければなりません。

たとえば、最近登場したApple社の空間コンピュータ「Vison Pro」は完全に3次元化されたUIになっています。こうした新しいデバイスが登場すれば、そこにマッチした見せ方が出てくる。そこに臨機応変に対応しなければなりません。進化とともに見せ方も確実に変わってくるのです。

**「そういえば、ホームページは何年も更新していないな……」**

これも絶対に避けたい状態と言えます。

どのようなブランディングを行うにしても、時代とともに変化するメディアコミュニケーションに対応して、パーパスを広く届けるという気配りが必要になります。2019年4月に髙松グループの新規事業会社として設立され、首都圏を中心に木造戸建住宅関連事業を展開しているタカマツハウスは、住宅関連事業が成熟産業といわれる中、営業開始からわずか5年で売上269億円を達成しています。(タカマツハウス取締役・専務執行役員　金田健也氏の初の書籍『全員を稼ぐ社

タカマツハウス ホームページ
2019年開始時

2024年3月時点

事業拡大に連動して物件情報や採用情報なども拡充

員にする、最強チームの作り方』より）会社の急成長の背景には色々な要因がありますが、ホームページひとつとっても5年間の間に8回もの大きなリニューアルを行なっていることとから、時代に合わせたブランディング自体をとても大切に考えている企業だということが言えます。

### 診断⑥　ブランデッド・エンターテイメントが落とし込まれているか？

映画やドラマなどのストーリー性のあるエンターテイメントに、企業や商品・サービスのメッセージを埋め込む広告手法。それが「ブランデット・エンターテイメント（BE）」です。その先駆けは、2001年から2002年にかけてBMW社がWebサイトで配信したショートフィルム「BMW FILMS」だと言われています。

世界で活躍する映画監督や俳優を多数起用し、WEB限定ショートムービーを複数制作。CMでよく見る車の性能を押し出す手法とは異なり、思わず見たくなるエンタメ作品の中に、BMWがさりげなくプレイスメントされているのが特長。この手法は金字塔となり、当時のカンヌ国際広告祭をざわつかせました。

#### カワイイを“つくる方法”が学べるブランデットコンテンツ

日本では、花王の「カワイイはつくれる」というコピーを基軸にした広告コミュニケーションが象徴的でした（2010年）。これによって、花王のヘアブランド「エッセンシャル」のブランド再活性化につながりました。

エッセンシャルは花王のロングセラーブランドだったため、ブランドとともに顧客が高齢しているのが当時の課題でした。そこに、一気にブランドを若返らせる施策として、「カワイイはつくれる」が企画されました。具体的には、「傷んだ髪の保護」「ダメージケア」という機能訴求を中心とする従来の手法から、「おしゃれでかわいい自分でいるための理想のヘアスタイルを実現するには、毛先15cmのケアが大事」というストーリーテリングにフォーマスしました。この毛先15cmを整えることができるのがエッセンシャルであり、エッセンシャルの提唱する「カワイイはつくれる」サイトやタイアップ記事をチェックすればその具体的な手法がわかる、というブランデッドコンテンツが話題となりました。

## 「きっと勝つよ」受験のお守りとしてブランドが溶け込む

ネスレ「キットカット」がスポンサーとなった岩井俊二監督の『花とアリス』というショートフィルムもブランデッド・エンターテイメントとしてよく知られます。

「キットカットの『Have a Break, have a Kit Kat(キットカットを食べて、休憩しよう)』というスローガンをもっと心に溶け込ませることを目的に、テレビ広告にとらわれない、新しい形を模索。インターネット上での公開に併せ、様々なキャンペーン展開やグッズ販売が話題になった例です。これをきっかけに「キットカット」は「きっと勝つよ」という具合に、受験のお守りへとさらに進化していきます。

**ブランデット・エンターテイメントは、エンターテイメントの陰にスポンサーがつくという従来型の番組ではなく、ストーリーテリングのなかにブランドが自然に溶け込む表現方法をとる手法です。**

企業のアプローチとしては、自社のブランドや商品・サービスを「どうだ、すごいだろう!」と訴えるのではなく、エンターテイメントのなかにさりげなく配置することで、生活者の共感を得ることができます。

企業の規模に関係なく、企業に問われるブランディング手法の1つと言えます。

## 生活者が自ら進んで見に行く—ブランデット・エンターテイメント

**ブランデット・エンターテイメントはこれまでの広告とは違い、「顧客が自ら進んで見に行く」という大きな特徴があります。広告臭を感じさせず、しかもブランドメッセージが伝わる。そのバランス感覚が求められます。**

そこまで落とし込めるのは、ブランドの定義がしっかりしているからこそです。

ユニクロが2007年から展開した「UNIQLOCK」が、世界三大広告賞の一つ・カンヌ国際広告祭の2部門でグランプリを受賞しました。

「UNIQLOCK」は時計機能を備えたブログパーツで、ユニクロ独自の時間を刻むコンテンツです。ユニクロの商品を着た女性たちがダンスを披露し、時刻に合わせて画面が変わるというもの。言語の壁を超えたコミュニケーションを通じて、ユニクロの世界観をグローバルに発信して大きな話題になりました。

UNIQLOCKというネーミングで、自分たちの商品に“ユニーク”というキーワードを埋め込み、カラフルなウェアを見せることで、ブログをたくさん見ている世代に訴える。その落とし込み方が秀逸でした。

**いまの時代であれば、こうしたエンターテイメントのコンテンツがSNSでシェアされることで、ブランド価値が高まり、顧客のエンゲージメントを強化することにつながります。**

## 広告とわかっていても“見て面白い!”

見ている側が「これはCMだ」とわかっていても、「面白い!」と思ってもらえればブランデッド・エンターテイメントは成功です。ブランデット・エンターテイメントで大事なのは“ひざポン”=(膝を打つ行為)です。

「キットカット」→「きっと勝つよ」のような駄洒落でも良いのです。なぜそのブランドがこのエンターテイメントをやっているのか?それが一瞬で「なるほど!」と腑に落ちるかどうかがポイントです。

ブランデット・エンターテイメント、私ならこんな企画が良いと思う、を書いてみましょう！ まず書くことから一歩がはじまります。

**［公式1］：ダジャレから顧客行動をナビゲートする**

(例)「キットカット」→「きっと勝つよ」→「受験のお守り」

**▶①自社の社名や扱っているブランド名を書きだす**

(　　　　　　　　　　　　　　　　　　　　　　)

**▶②ブランド名の響きからダジャレを考えてみる**

(　　　　　　　　　　　　　　　　　　　　　　)

**▶③ダジャレから連想できる顧客行動を書き出してみる**

(　　　　　　　　　　　　　　　　　　　　　　)

**［公式2］：ブランドのもつ商品の特長から、みんなでできる遊びを考える**

(例)「便秘薬」→「スッキリする」→「日頃のモヤモヤを川柳にしてスッキリしよう」

(　　　　　　　　　　　　　　　　　　　　　　)

**［公式3］：ブランドのターゲットが、好きそうなタレントやIP(キャラクター)とのタイアップを企画しよう**

(例)「和菓子メーカー」→「55歳〜80歳が好きな昭和の女優」→「女優が工場で職人体験を実況中継してみた」動画

(　　　　　　　　　　　　　　　　　　　　　　)

いかがでしたか？いいアイデアが思い浮かびましたか？ なかなか慣れない作業ですが、コツさえ掴めば、芋づる式にアイデアが出てきたりもします。アイデアはすぐに忘れ去られてしまうので、常にメモをとりながらやってみましょう。張り切って脳に汗をかきましょうね！

### 診断⑦　人材ウェルビーイングが表現されているか？

就職、転職者は「会社のマインド」と「社員のマインド」が一致している企業に就職したい。ただし入社後の文化的ミスマッチは、誰も得をしない。背伸びしない、ありのままの姿を魅力的に伝えることがポイント。

企業のブランディングにおいて、社長がどんなに立派なことを言っていても、結局は、「どんな人がどんな気持ちで働いているの？」というのがいちばん気になるところです。

いまほど、企業の透明性や人材ウェルビーイングが問われる時代はありません。

**書籍出版の答え合わせは、採用サイトや社員の発信しているコンテンツとの整合性にあります。ここにズレがあると、文化的不一致が生じて、採用しても社員がすぐに辞めてしまうという事態に陥ります。**

実は必要以上に自社を良く見せることは、決してブランディングではありません。

**あくまでも背伸びせず、透明性のなかで自分たちの文化を見せていくこと。それが最終的なブランディングにつながります。**書籍で表現していることが社員一人ひとりに浸透しているかどうかが重要です。そこで、社長が書いた本を採用した社員には必ず配るということもオススメです。

## パーパスをショート動画で表現する

また、私たちが出版ブランディングの一つのパッケージとして用意しているのは、社員のウェルネスに焦点を当てたショート動画を制作することです。

シナリオなしで1時間ほど社員にインタビューをして、そのなかで企業ブランドを体現していると思われる言葉を切り取った動画をつくるのです。

**CMのようにセリフを決めるのではなく、社員にいろいろな質問を投げかけて自由に語ってもらい、そこから「これは!」という言葉をファクトとして切り取る**という作業であり、CMなどとはつくり方が根本的に異なります。これがいま、企業や就職希望者に好評です。

## 書籍で経営マインドを、ウエブサイトでは現場マインドを発信

**ブランディングのための書籍では、経営側のマインドや文化、パーパスをしっかり伝達します。一方、SNSやウェブサイトでは社員のウェルネスを拾い上げるコンテンツを発信します。トップダウンとは逆のベクトルでの情報を発信することで、出版物によりリアリティが与えられます。**

このように、リブンランディングはトップダウンとボトムアップの両軸からアプローチすることも有効です。

これにより社員のウェルビーイングだけではなく、顧客からの評価を高めることにもなるでしょう。

### 弱点もあえて書く

「私たちの会社は残業も少ないホワイト企業です」と言いながら、社員の1人がSNSで「今日もサービス残業で帰宅が深夜になりました」と発信すれば、ブラックな企業だという現実が露呈してしまいます。

そうした情報に対して経営側が火消しに走れば、それはそれでまたSNSで悪評が立つ。そんな世の中だということを肝に銘じましょう。

**残業があるのなら、「当社は多少厳しい労働環境かもしれませんが、仕事に生きがいを求める社員はイキイキと働いています」と言ってしまったほうが信頼されます。**

事実、自社の決して良いとはいえない部分を明らかにしない会社ほど離職率が高いそうです。むしろ、良いことばかりアピールする会社は、就職希望者が逆に怪しんで応募しません。

いまの時代、企業には「どこまでも透明であること」が求められるのです。

**▶自社は○○が弱点だけど、○○が強み！これを言語化してみよう。**

（例1）自社は、深夜まで残業があることがあるけど、意欲ある人間にとっては成長の機会になる！

（例2）自社は、体育会系の会社だけど、明るくてチームワークが抜群に良い。

さあ、まずは、手を動かしてみて！

（　　　　　　　　　　　　　　　　　　　　　　　　）

## 6-5 パーパスで社内を巻き込んでいく

パーパスを社内に浸透させ、社員全員が共通の目的に向かって動くことが、組織の成長に不可欠です。

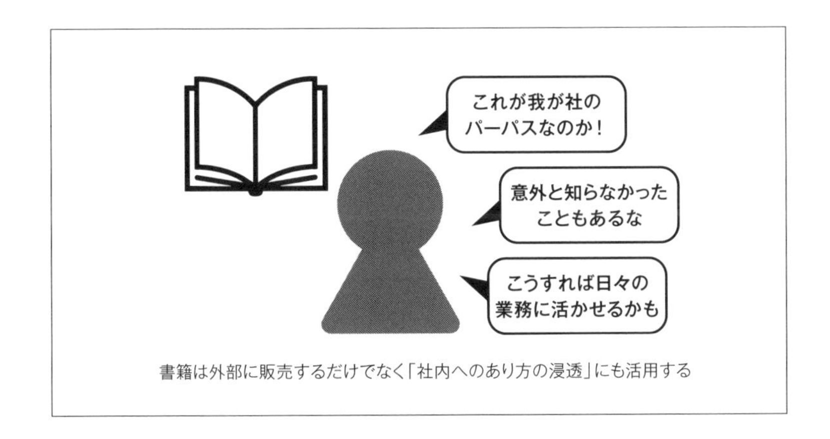

書籍は外部に販売するだけでなく「社内へのあり方の浸透」にも活用する

では、どうすれば書籍を通じてパーパスを伝え、社内に広めていけるのでしょうか？

**まず、前述したように社員全員に書籍を配布し、それぞれが手に取ってパーパスを理解することが最初のステップとなります。社員が日々の業務において意識し、参考にするベースとなるのが書籍なのです。**

書籍の内容について理解を深める効果的な手段に「読書会」があります。小さなグループで定期的に開催することで、社員間のコミュニケーションが活発になり、パーパスに対する共通の理解が深まります。

また、**リーダーによる「解説セッション」も良い方法です。経営陣や部門リーダーが書籍のキーポイントやパーパスの重要性について説明することで、社員はリーダーからの直接的なメッセージを受け、理解とモチベーションを高めることができるのです。**

## 書籍の内容をトレーニングプログラムにする

書籍に書かれたパーパスを話し合うだけでは、その場かぎりになってしまいます。

**そこで、書籍の内容を取り入れた「トレーニングプログラム（社内スキルアップ**

**研修）」の実施をオススメします。**ここで社員は、日常業務にパーパスをどう活かせるかを学ぶことができます。

**ある小売企業は、書籍に書いてある業務上重要な判断基準や思考について、定期試験をおこなっています。それにより、各社員が経営者が大切にしている考え方や、ビジネス自体の成功セオリーを新入社員でも実行できるようになっています。**

実際の業務や社内のプロジェクトでも、書籍に書かれているパーパスに基づく行動を推奨し、それが継続されるように実行しています。

こうして理論を実践に移すチャンスが生まれ、パーパスが具体的に社内を動かしていく原動力になることができるのです。

## 社内コミュニケーションツールに組み込む

**社内コミュニケーションでは、ニュースレター、会議、社内SNSなどを通じて、書籍の中で語られた重要フレーズやパーパスに関するメッセージを定期的に共有します。これにより、パーパスに対する意識を持続的に高め、社内での議論を活発にします。**

例えば、もっと商品やサービスの利便性を高めて、ユーザーの生活をよりよいものにしたり、他にはない商品を開発することで、新しい社会を作り出すなど、社員みんなが高い視座で語り合うことが可能になるのです。

さらに、**パーパスに基づいて成果を上げたチームや個人の事例を社内で紹介するのも良いでしょう。パーパスの実践が具体的な成果につながると実感できますし、他の社員にもパーパスを実践するモチベーションが生まれます。**

これが「パーパスは役に立つのか？」「売上に貢献するのか？」という社員の猜疑心を払拭し、パーパス浸透を加速させることにもつながります。

最後に、定期的に社員からのフィードバックを収集し、書籍とパーパスの浸透度を評価します。必要に応じてアプローチを調整し、改善を図ることで、より効果的なパーパスの浸透を目指します。

例えば、社内報などでパーパスに関して社員の感想を紹介するなど、フィードバックを可視化することで、より深いパーパスの理解につなげることができます。

これらのステップを踏むことで、社内にパーパスを浸透させることが可能になります。パーパスを社員一人ひとりが自分ごと化し、日々の業務に反映させることで、組織全体の成長と成功が実現できるのです。

| ステップ | 目的 | 方法 |
|---|---|---|
| **書籍の配布** | 全社員にパーパスを含む書籍を手渡す | 社内イベントや会議での配布、郵送など |
| **読書会の開催** | 社員が書籍について話し合い、理解を深める | 全社・部門ごとでの読書会など |
| **リーダーによる解説セッション** | 経営陣やリーダーから書籍のポイントを学ぶ | プレゼンテーション、Q&Aセッションなど |
| **トレーニングプログラムへの統合** | パーパスを業務にどう活かせるかを学ぶ | 既存トレーニングに書籍内容を組み込む |
| **プロジェクトへの応用** | 日常業務でパーパスに基づいた行動を促す | 新プロジェクト開始<br>既存プロジェクトへの適用 |
| **社内コミュニケーションでの強調** | 書籍とパーパスの継続的な露出 | ニュースレター、社内SNS,会議で活用など |
| **成功事例の共有** | パーパスの実践がもたらす成果を示す | 社内会議、ニュースレターでの事例紹介など |
| **フィードバックの収集と評価** | パーパスの浸透度を測る | アンケート、インタビュー、評価会議など |

書籍を活用したパーパス浸透プログラムフロー例

# 7章

# 書籍×オウンドメディア運営による“共創型経営”のコツ

## オウンドメディアが企業にとって重要な理由

「オウンドメディア」とは企業が自社で保有し、運営するメディア全般のことを言います。

一般には発信型のWEBサイト、自社SNS、ブログ、社内報を指しますが、コーポレートサイト（会社説明サイト）、ブランドサイト（自社商品を売るECサイト）、や紙媒体も含まれることが少なくありません。

ストック型のメディアである書籍に対し、とくにWEBなどで展開されるオウンドメディアはフロー型とストック型を兼ねるメディアと位置づけられ、情報を随時アップデートさせながらストックもしてくことが可能です。**このように書籍とオウンドメディア、双方を存在させ、関連付けることで社外（顧客）と社内（社員）とのコミュニケーションにおいて相乗効果を生むことができます。**

書籍の原稿をアレンジしてオウンドメディアのコンテンツとして配信したり、オウンドメディア内で書籍を告知するなどの活用も効果的です。

書籍は情報の濃縮度が高く、しかも読者はお金を払って購入します。一方、「いま、自分たちが発信したいことを」「最適なタイミングで」発信可能なのがWEB型のオウンドメディアと言い換えることもできます。では、そもそもこれらの「発信型オウンドメディア」がなぜ企業にとって重要なのでしょうか？

これには次のような理由が考えられます。

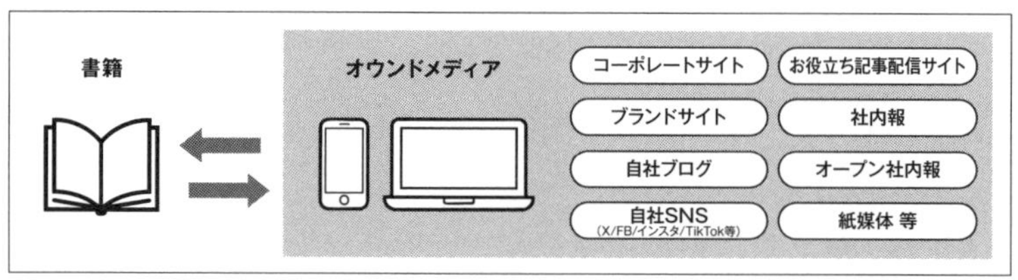


書籍とオウンドメディア、双方を存在させ、関連付ける

## ブランディングのために自社が情報をコントロールできる

オウンドメディアは、企業が自身のブランドメッセージや価値観を伝えるための重要な手段です。企業は自らのメディアチャンネルを通じて、**自社製品やサービスに関する情報をコントロールし、ブランドイメージを形成することができます。これにより、企業は一貫したメッセージを送り、ブランドの信頼性と認知度を向上させることができるのです。**

## ステークホルダーへの情報発信・共有

オウンドメディアは、顧客、株主、取引先、従業員などのステークホルダーとのコミュニケーションを円滑に行うための重要なメディアでもあります。自社のWEBサイト、ブログ、SNSなどを活用することで、最新の情報やニュースを提供し、ステークホルダーとの関係を強化することができます。

現代は情報過多の時代とも言われますが、ステークホルダーは欲しい情報を欲しいときに欲しいものです。

**間違ってはいけないのが、オウンドメディアの目的は情報統制ではなく、正確で開かれた情報配信です。ここでも重要になるのが「透明性」を担保した上での情報コントロールです。**

さらに、適切なタイミングでの配信が重要になります。そのためには、情報の集約拠点と発信拠点を同時に獲得する必要があります。それを可能にするのがオウンドメディアという位置づけとなります。

## 「社内意識」を共有できる

オウンドメディアは、企業内部での情報共有を促進するための効果的なツールでもあることは先に述べました。企業は社員に向けて、情報のみならず組織のビジョンや目標、重要なアップデート事項などを共有し、社内コミュニケーションを強化することもできます。これは元来、社内報が担ってきた役割でもありましたが、近年は社内メールやイントラネットなどの普及もあって、即時性の高い情報などはメディアを媒介させずに共有することが可能になりました。結果、**社内報に準ずるオウンドメディアは社内情報を共有するためのメディアというより「社風を含めた社内の空気」を従業員も含めたステークホルダーと共有し、企業ブランディングを形成する「社内の意識」を共有するための存在になりつつあります。**

## 「一次情報」を自社で持つことができる

オウンドメディアは、企業が自社の製品やサービスに関する「一次情報」を保持し、管理するための貴重な資産です。

従来は、この一次情報を自社で持たないケースが多々ありました。たとえば株主総会や事業報告などの公の場での経営陣の発言や写真データは、本来自社でホールドできる情報ですが、広くアナウンスするために、テレビや出版社に対して広く記録の自由を確保してきました。**一見当たり前の仕組みに映りますが、実はこの時の第一次情報は一般メディアにあり、あくまでも企業からの情報は情報源の一部でしかないわけです。結果として企業側に写真や記録が残っておらず、**

**自社であらためて報道記録を作る際に写真(特に動画)を報道メディアから提供してもらう、もしくは購入するということもままあったようです。**

そういった弊害が生じない、独自のオウンドメディアを展開しているのがトヨタ自動車です。例えば2023年3月15日の社長交代発表のニュースをいちばん正しく伝えたのは自社のオウンドメディアでした。ユニークだったのは新人事の集合写真はトヨタからの配信以外にオフィシャルは存在せず、その使用権はすべてトヨタが保有していました。こうした情報発信のあり方の最大の効果は、**一次情報を新聞やテレビなどマスコミの独占物ではなくしたことです。**

オウンドメディアが新社長就任の記者会見の模様をリアルに伝えたことで、社長交代劇の真実がどこにあるかが世の中に伝わったのです。

企業が一次情報を持ち、自らのメディアチャンネルを通じて発信するようになることで、自社の姿を正しく社会に伝えることが可能になります。もちろん、製品仕様、新製品の発売、イベントやキャンペーンなどについても、正しい情報を直接顧客に提供することができます。

### 社内外の興味関心を把握できる

**オウンドメディアは、顧客や市場の興味関心を把握し、マーケティング戦略や効果測定に活用するための有益なデータソースともなります。**

従来はこうした顧客やマーケットデータを得るために、広告代理店やデータ分析会社に依頼してマーケティング解析をしていました。**企業がオウンドメディアを持つメリットはつまり、WEBサイトのアクセス解析やソーシャルメディアの反応を分析することで得られる、顧客ニーズやトレンド動向です。**

**また、経営層の立場から見ると、自社の従業員が何に興味関心を持って動いているかを敏感に察知することも可能となります。**

社内コミュニケーションツールとしていまや欠くことのできない社内メール、イントラネット(ラインワークスなどもそのひとつでしょう)など、企業の多くは、社内の限られた範囲内で利用可能なネットワーク環境をお持ちでしょう。それらのなかには開封者、もしくは開封数、開封率を記録・閲覧することが可能なものがあります。また、一般的なウェブサイト(ここではオウンドメディア全般)はグーグルアナリティクスに代表されるような計測ツールにより、その訪問者の数や属性といった傾向を把握することが可能です。**イントラネット(もしくは情報共有ツール)とオウンドメディア、それぞれの閲覧者傾向を把握することは、実は自社の従業員の興味関心の傾向把握にもつながります。**

こんな事例があります。ある企業で「新エネルギーの自社開発に成功!」といった記事をアップしました。この記事への関心層を調べてみると、20代と40代の社員では20代の方が強い興味関心を示して反応しました。一方で、新たに就任された新社長のはじめての新年挨拶は、明らかに50代の社員のアクセスがあがりました。これは20代の社員にとって、将来的に自分たちの"食い扶持"になっていくかもしれない情報と、実業よりも経営層との接点が多い50代社員にとって、同じ社内の重要情報であっても、その重要度は世代によって差があることを如実に現しています。

このように、企業は書籍のコンテンツを膨らませた「発信型オウンドメディアを活用」して、ブランディングやコミュニケーション戦略の強化、情報共有や顧客エンゲージメントの促進など、さまざまな目的を達成することができます。

## 7-2 WEB社内報委員会が会社を1つにする

「社内報」もまたオウンドメディアの1つであり、重要なブランディングの手段の一つであることはこの書籍内でも触れています。

社内報といえば、かつては新聞や雑誌のような形をとった紙媒体として配布されていたものが大半でしたが、現在では社内報を発行するほとんどの企業が、WEB社内報にシフトしているのではないかと思います。その理由については各社それぞれでしょうが、速報性、再編収集の容易さ、配信範囲の設定自由度、そしてコストというのが主なものではないでしょうか。

ただしここでは社内報の形状ではなく、あらためて、社内報そのものの目的と役割について再考してみたいと思います。

しばしば社内報は「社内コミュニケーションのためのもの」と言われます。はたしてその定義は合っているのでしょうか？

**よく陥りがちな間違いは、「社内の一体感の醸成」を社内報の最終目的にしてしまうことです。結果、記事内容が「仲良し集団」の演出に費やされている事例が散見されます。**仮に、右肩上がりの経済の流れに乗り、生涯雇用が保証された時代であれば、そのような牧歌的社内報の存在はそれ相応の価値を持っていたとも考えられます。しかし、時代は変わりました。**いまや社内報は、社員同士の内向きの“同人誌”でもなければ、経営陣のためのテイのいい“回覧板”でもありません。社内報のすべての掲載記事は、企業を「いかに内側から価値化していくか？」という目的に則ったものであるべきなのです。**

**80万人以上が活用するWeb社内報アプリ「SOLANOWA」を提供する　㈱スカイアーク代表取締役 平栗健太郎氏によると「分業化や部門制などにより、社内コ**

**ミュニケーションについての限界が生じている。その壁を壊し、マインドの疎通やエンゲージを高めるのが社内報」であるとし、「経営者の考え、思い、視点、熱量を伝導し、同じヴィジョンを社内メンバー全員で理解した上で仕事に向き合う」ためのツールであるとしています。また「社の思考が1冊にまとめられた書籍の言葉をヒントに、社内報の企画・運営のヒントとするのも社のパーパスを浸透させる打ち手の1つである」としています。**

## 社内報編集部は社内の情報集約装置と考える

出版起点ブランディングのための書籍は、企業のいちばんの核になる部分を言語化して示すものでした。しかし、書籍は一度出版したら頻繁に更新していくことは増刷・改訂をしない限り不可能です。

**一方、社内報は、書籍で提示した内容を随時補完し、場合によってはデイリーでアップデートしていくことも可能です。**

ただし、そのためには情報を集約するための回路が必要になります。

それが社内報編集部、もしくはそれに準じる組織と個人です。

一般に企業が大きくなればなるほど、全社的規模から見た個人の情報は相対的に小さくならざるを得ません。どの部署で誰が、どんな業務を行っているかといった情報は見えにくくなります。しかし、企業ブランディングを体現している個人の取り組みなどの情報は全社的に共有しておくことが必須です。また、個人の活動と同様に、部署間コミュニケーションは、企業の大小によらず、むしろ事業拡大・変容スピードが高い組織ほど難しくなっていくものです。そのためには人事管理部の視点ではない、人財と事業の理解が必要になります。

**社内報編集部は、部門・部署を横断した情報伝達ルートを作ってコミュニケーションを取り、社内情報を吸い上げて集約する実働部隊として機能します。**

## ボトムアップ型ではなくトップダウンメディア

社内報は現場からのボトムアップ型のメディアだと思われがちです。繰り返しになりますが、そうした幻想は捨てた方がよいでしょう。

そもそも目的がブランディングなのですから、現場主導で企画内容を決めるのは難しいのです。ですから、**社内報はトップダウン型であるべきです。**トップに近い立場の人が最終決定者となることで、共創経営に必要な情報が整理されるからです。**企業によって、広報部、人事部、総務部、経営企画室など社内報の制作部隊はさまざまですが、最終的に取り仕切るのは社長直轄の部署であることが望ましいでしょう。**企業のブランド価値を高めるという目的を逸脱した内容は、そこで自然淘汰されることになるからです。

**経営陣が積極的にかかわっていることを示すために、社長の生の言葉が書かれた記事や上層部が参加する企画を盛り込むことも必要でしょう。このあたりのコンテンツは、書籍に書かれた内容をヒントに企画化し、経営陣に取材。記事化すると効率的です。**

## 一体感がウエルビーイングを醸成する

社内報を通じた社内コミュニケーションは、組織の一体感と効率を高めるためにとても効果的です。具体的には、以下のステップに沿って進めていきます。

### ▶[ステップ1] 目的と目標の設定

まず、社内コミュニケーションを改善する目的を明確にします。ここには、企業文化の浸透(トップダウン)、情報共有の効率化、社員間の交流促進などが含まれます。具体的な目標を設定し、たとえば月に一度の社内ニュースレターの発行や週一のブログ投稿などの計画を立てます。

### ▶[ステップ2] コンテンツの企画

「社員にとって何が有益か」という視点で、コンテンツを考えます。ここには、部署のアップデート、社員インタビュー、業界ニュースの要約などが含まれます。コンテンツカレンダーを作成し、定期的な更新を計画します。コンテンツは、社員が関心を持ちやすい内容のものにしましょう。

### ▶[ステップ3] プラットフォームの選定

コンテンツを配信するためのプラットフォームを選びます。これには社内イントラネット、メールによるニュースレター、ラインワークスなど企業の内部SNSなどが考えられます。現在はさまざまなサービスがありますので、プラットフォームは使いやすさとアクセスのしやすさを重視し、社員が日常的に利用しやすいものを選びましょう。

### ▶[ステップ4] コンテンツの制作と配信

記事やビデオなど、さまざまな形式のコンテンツを制作します。定期的にコンテンツを更新し、社員に通知することで、関心を持ってもらいやすくします。コンテンツの質を保ちながら、常に新鮮で興味を引くようなものを心がけましょう。

### ▶[ステップ5] エンゲージメントの促進

コメントやフィードバック機能を活用し、社員の参加を促すことも大事なポイントです。社員からのコンテンツ提案や参加を奨励することで、コミュニケーションが活性化します。社員の声を反映させることで、彼らのエンゲージメントをさらに高めることも重要な役割でしょう。

### ▶[ステップ6] フィードバックと改善

社員からのフィードバックを集め、コンテンツの質や配信方法を改善します。定期的に社内報の効果を評価し、必要に応じて戦略を調整します。これにより、社内報の効果を最大限に引き出すことが可能になります。

社内報を使うことで、組織全体が同じ方向に向かって動き、「社内をひとつにする」ことができるのです。

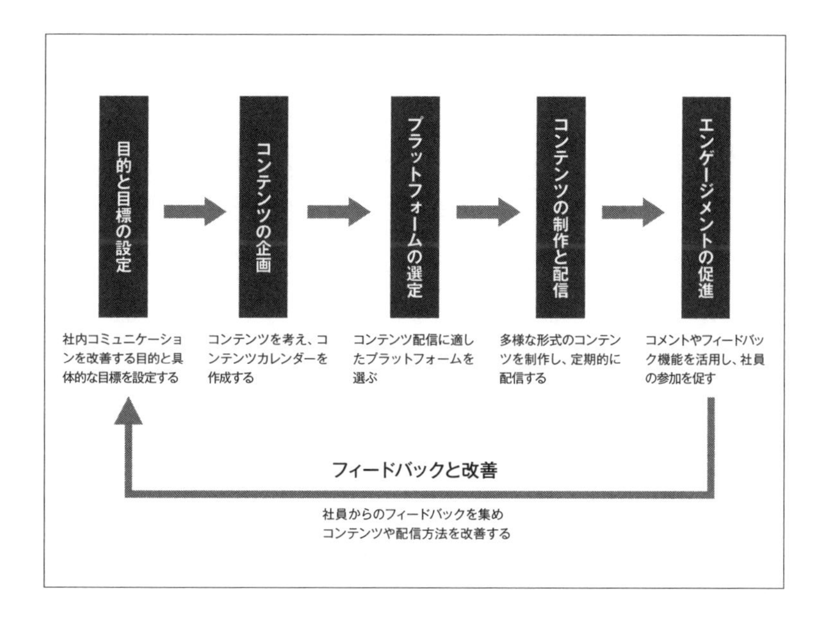

## 7-3 書籍×記事発信型オウンドメディアで自社ファンをダイレクトに掴む

ネット上をサーフィンすると、世の中には、こんなにたくさんの「お役立ち記事発信するサイト」があるんだ！と驚いてしまいます。これら「お役立ち記事発信するサイト」は大きく2種類に分かれます。

**「独立型のお役立ちコラム発信メディア」と、「特定の企業が自社の顧客獲得のために発信しているメディア」です。**

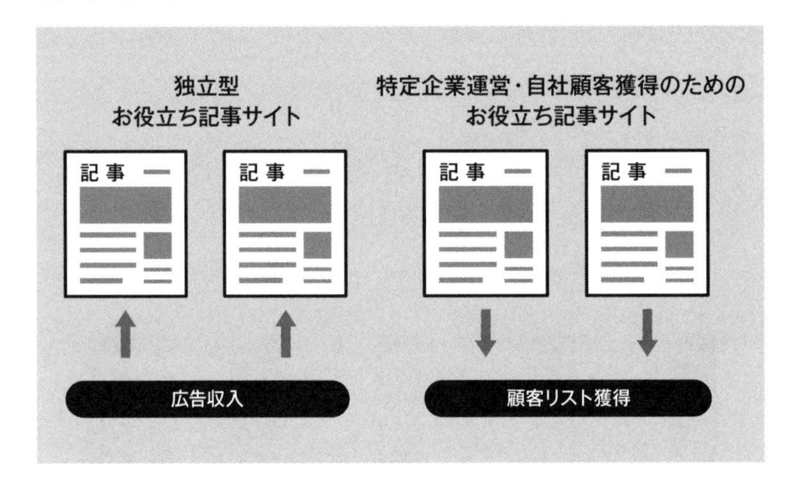


前者の独立型は広告などの収入で運営しています。

その代表的なものが、2000年代に登場した生活情報総合サイト「All About」です。その道の専門家が、日常生活にかかわる幅広いテーマを設け、テーマごとに細分化してノウハウを発信していくお役立ちメディアです。運営する株式会社オールアバウトは株式上場もしています。

後者の「特定の企業が自社の顧客獲得のために発信しているメディア」については、たとえば化粧品などを扱うメーカーが「キレイになる生活」をテーマに、そのノウハウを発信するサイトをつくるというケースなどがあります。

**出版起点ブランディングで推奨するのは、後者の「特定の企業が自社の顧客獲得のために発信しているメディア」の創設です。**

資格などの生涯学習講座を展開するユーキャンが運営する「マナトピ」というサイトがありますが、これはさまざまな学びのトピックを紹介することで、資格取得のためのユーキャンの講座受講に興味を持ってもらうというものです。

お役立ちサイトを立ち上げる際に重要なのは、書籍に書かれたテーマ、章立て、目次などを参考にしてコンテンツをつくることができるということ。

**セオリーがまとまった書籍は、こうしたお役立ちサイトの構造や見出しを考えるのに最適ですし、本をもとにつくれば企業のフィロソフィーから逸脱することがありません。(ここがとても大切です。)**

お役立ちサイトはいわゆるコンテンツSEO(検索エンジンから集客する施策)です。検索して最初にヒットするのはこうしたお役立ち記事です。

そこから、B to CなりB to Bの未来の顧客を獲得していくことになります。

**その羅針盤になるのが、ブランディングの第一歩として出版した書籍です。書籍は、お役立ち記事発信型オウンドメディアの原石と言えるでしょう。**

## 7-4 書籍 → 社内報 → 記事発信型オウンドメディアの3ステップ

ブランディングの手段として意識的に制作された社内報は、社外向けの発信型オウンドメディアの制作にも発展的に活用できます。

出版ブランディングから一足飛びにオウンドメディアによる情報発信へ向かう

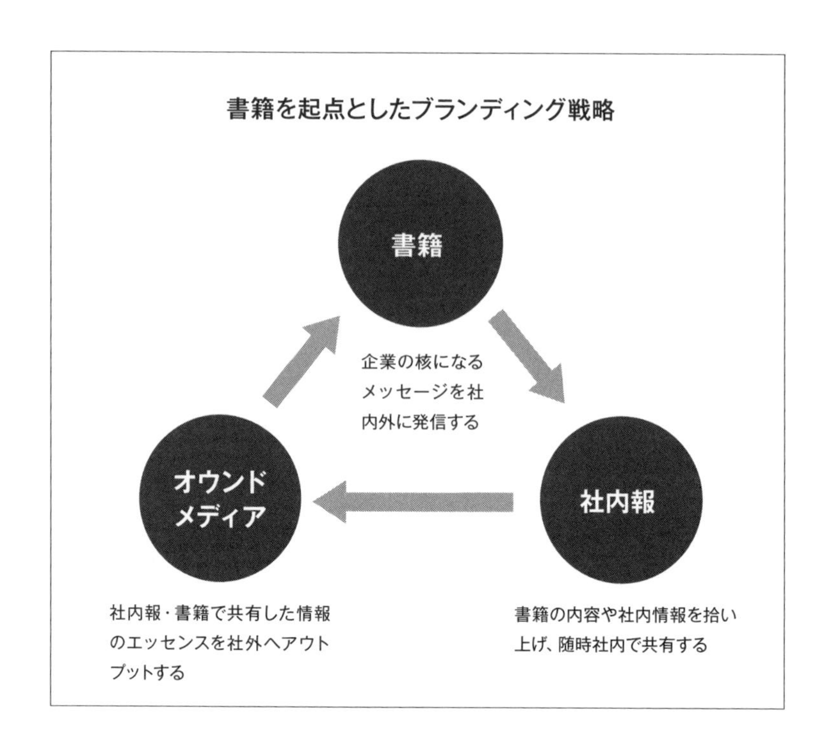


のも不可能ではありませんが、間に社内報制作というプロセスを挟む方がスムーズに進みます。**つまり目指したい形とは、書籍化による企業パーパスやMVVの言語化と固定、次に社内報制作による継続的な企業ブランディングのための情報集約のシステム化、そしてオウンドメディアによる企業イメージの重要エッセンスの拡散であり、それこそが本書が掲げる出版による企業ブランディングの形でもあります。**

こうした書籍を起点とした効果的なメディア戦略によって、自社のブランド価値が強化・再構築され、それが第2弾の書籍の出版へと発展していく可能性もあるでしょう。

**書籍→社内報→発信型オウンドメディアは、「ブランディング」という共通目的に沿って一連の循環を形成しているのです。**

## ブランドパーパス最大化プロモーション

「トヨタイムズ」はトヨタ自動車が「トヨタのファンを増やすこと」を目的に、「クルマの時代からもっと自由に移動を楽しむモビリティの時代へ」という変化を伝えるオウンドメディアとして、いくつかの広告賞も受賞しました。

トヨタイムズがなぜこれほど注目されているのでしょうか？

このオウンドメディアは一見、自分たちの取り組みを外向きに情報発信しているように見えますが、実はそれだけではありません。

社内のメンバーに対しても、パーパスを含めて「これからトヨタはこういう方向へ進んでいこうと考えています。皆さん、一緒に進んでいきましょう」と触発するメッセージ性がうかがわれます。

つまり、**自社の従業員の行動変容を促すインナーブランディングにもなっており、「一粒で二度おいしい構造」のオウンドメディアになっていると言えます。**

しかも、基本的にはWEBサイトによるオウンドメディアでありながら、マス広告をはじめ、さまざまなメディアでも発信。**情報発信基地をWEBサイトにして、テレビその他のメディアからのWEBサイトへの流入を図り、さらにSNSでの拡散・浸透を狙っています。**

そんなプロモーションを小規模からでもいいので、できるところからスタートする一それが出版起点ブランディングの考え方です。

会社のパーパスやノウハウが詰まった書籍から情報を切り出してトヨタイムズと同様に "情報発信基地"としての WEBサイトををつくります。

その際、大事なポイントになるのが「情報を切り出して加工する技術」です。

書籍からの情報の切り出し作業については自社のブランドパーパスを理解

した専門のクリエイティブチーム各社に任せることも1つの選択肢になるでしょう。

## 7-6 SNS配信が新規売上を連れてくる

先述のとおり、出版起点ブランディングのツールの一つとしていまや不可欠なのがSNSです。

書籍を出版し、オウンドメディア発信をスタートしたらやることはシンプルです。5章で触れたようにTikTok、X（旧Twitter）、Instagramなどに、**書籍の表紙や目次、ポイントになる大切なセオリーなどを短い動画にしてアップする**ーまずはこれをやるだけでよいのです。SNSで書籍の内容を拡散することで、新しい顧客や一緒に働く未来の仲間たちにリーチしていきます。

さらには、書籍をヒントにブラッシュアップしたパーパスやパーパスに紐づく活動や商品、サービス、あるいは人材募集などの情報を同じように発信します。

TikTokにアップできる動画は最大1分で、「60秒モード」という編集機能が付いています。それをTikTok広告にあげることができます。

すると、ターゲティングしたい相手から「いいね」やフォロワーを獲得したり、有料の広告を出した場合は、アマゾン・ドットコムなどのECサイトにURLのリンクを直接貼り付けることができます。

同じように、ショート動画をInstagramやX、Facebookなどにも転用掲載していくことによって、普段書店に行かないターゲットにもリーチすることができます。

TikTokについては、若年層のお楽しみツールとしてだけではなく、30代半ばの年収600万円以上の方々が多数使っているというメディアデータがあります。

仮に、企業の中間管理職など、権限を持っている人が見ていたとすれば、そこからB to Bの取引が発生する可能性も広がっていきます。

普段、会社のブランディングのためにSNSで発信している企業も多いかと思いますが、その中に書籍で述べた大切なノウハウなどを1分間のショート動画にして発信することで新しいタッチポイントへと発展するかもしれません。

こうした動画を制作する担当者が社内に最低1人いれば、書籍から週に1～2回、継続的に発信が可能になります。

# 自社の存在意義を世の中に伝えよう

## 商品スペックより企業哲学にファンが付く

本書もいよいよ最終章です。

ここまでお読みになって、活用できそうなノウハウはありましたか?

1冊の書籍を読了しても、「心に残ったのは1行か2行だけ」ということがよくあります。

実は、ブランディングについても同じことが言えます。CMを大量に打っても、SNSをどんどん発信しても、生活者の頭のなかに焼きつくのはその企業が発した本質的なワンフレーズだけだったりします。しかし、それこそが重要なブランディングの成功につながってゆきます。

これは、広告でいう「膝ポン」「腹落ち」あるいは「インサイト」という言葉に置き換えられます。

インサイトというのは、「顧客すら気づいていない本当の欲求」のこと。

自分の知らなかった、でも本当に必要としていた世界を目の前に提示されたときに、思わず「それそれ、そういうことだよね!」と、妙に腑に落ちてしまうこと

があります。**見えなかったものを言語化することで、顧客に対し新しい世界を垣間見せる体験を提供するということです。書籍にちりばめられた言葉や、言葉を紡ぎだす過程でめぐらされた思考――このすべてが「それそれ、そういうことだよね！」を掘り出すトリガーとなります。**

この「そうそう！それそれ！」の膝ポンフレーズと、「商品のスペック説明」ではそれぞれ、脳の内部で反応する箇所が違うと考えられます。

少々マニアックな話になりますが、「ニューロマーケティング」という分野があります。これは、脳科学を活用して生活者の心理や行動原理を分析し、マーケティング施策に活かす手法です。

記憶には短期記憶と長期記憶があります。短期記憶は数秒から1分ほどの短い記憶で、脳の海馬という部分にとどまる情報です。ところが、そこから大脳皮質に送られた情報は数分から数年にも及ぶ長期記憶になって定着します。

**実は、商品スペックなどの情報は短期記憶にしかとどまらず、顧客のブランド（商品・サービス）に対するイメージや意識は長期記憶に保存されるということがわかっています。**

そういった意味でも、長期記憶に落とし込まれるには、思わず笑ってしまったり、確信をつかれてドキッとするような、感情を揺さぶる「なるほど！」という膝ポンが必要であることがわかります。

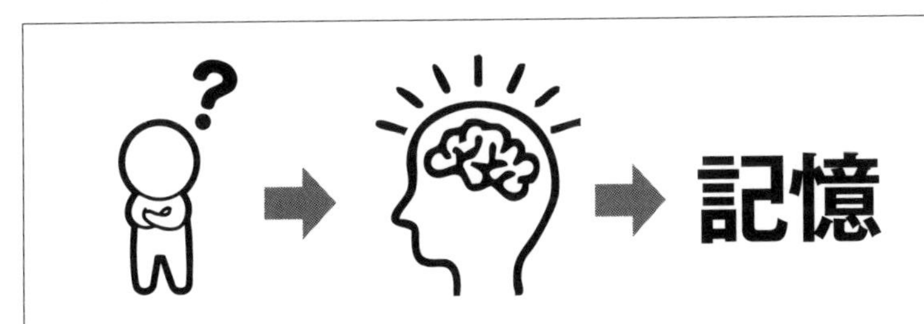


スペック説明は比較的記憶に残りにくいが、感情に届くブランドイメージは記憶に残りやすい

（例）：モイスチャーティッシュの市場を作った「鼻セレブ」

　　プリンを体験に変えた「プッチンプリン」

　　汗をかいた時に体が欲する命の水「ポカリスエット」

**商品スペック情報はいわばSNSのタイムラインと同じで、手の平にすくった砂のように、一瞬で流れ落ちるかもしれません。しかし、人間にとって本能的な情報は脳の深いレイヤーに長期記憶として保存されるのです。**

ブランディングは言語化されたワンフレーズかもしれませんが、それは"記憶の本棚"（長期記憶）にいつまでもとどまり続けます。

今はVUCAの時代と言われています。VUCAとは、Volatility（変動性）、Uncertainty（不確実性）、Complexity（複雑性）、Ambiguity（曖昧性）の4つの単語の頭文字をとった言葉で、めまぐるしく変転する予測困難な状況を意味しています。

このような時代において重要なのは、多くの人の記憶に残るブランド価値の発見です。商品・サービスのスペックではなく、ブランドの内面にこそファンが愛着を持ち、長く生活をともにし続けてくれると考えます。

## 8-2 100年愛される企業になるために

企業が時代を超えて愛され続けるためには、はたして何が必要なのでしょうか？

**私たちが愛するブランドや企業は、何よりもまず顧客の心に寄り添います。たとえば、あなたがお気に入りのカフェで感じる温かみ。それは単にコーヒーの味だけでなく、そこに込められた思いやりとサービスによるものです。このように、企業が顧客のニーズを深く理解し、それに応えて初めて長期的に愛される存在になり得ます。**

しかし、顧客の期待は常に変化しています。これに対応するためには「革新」が必要です。革新とは、新しい技術やサービスの導入にとどまらず、市場や顧客の変化に敏感であることを意味します。たとえば、デジタル化の波に乗り、アプリやオンラインプラットフォームなどのデジタルテクノロジーを積極的に活用する企業は、顧客との新たなつながりを築くことができます。

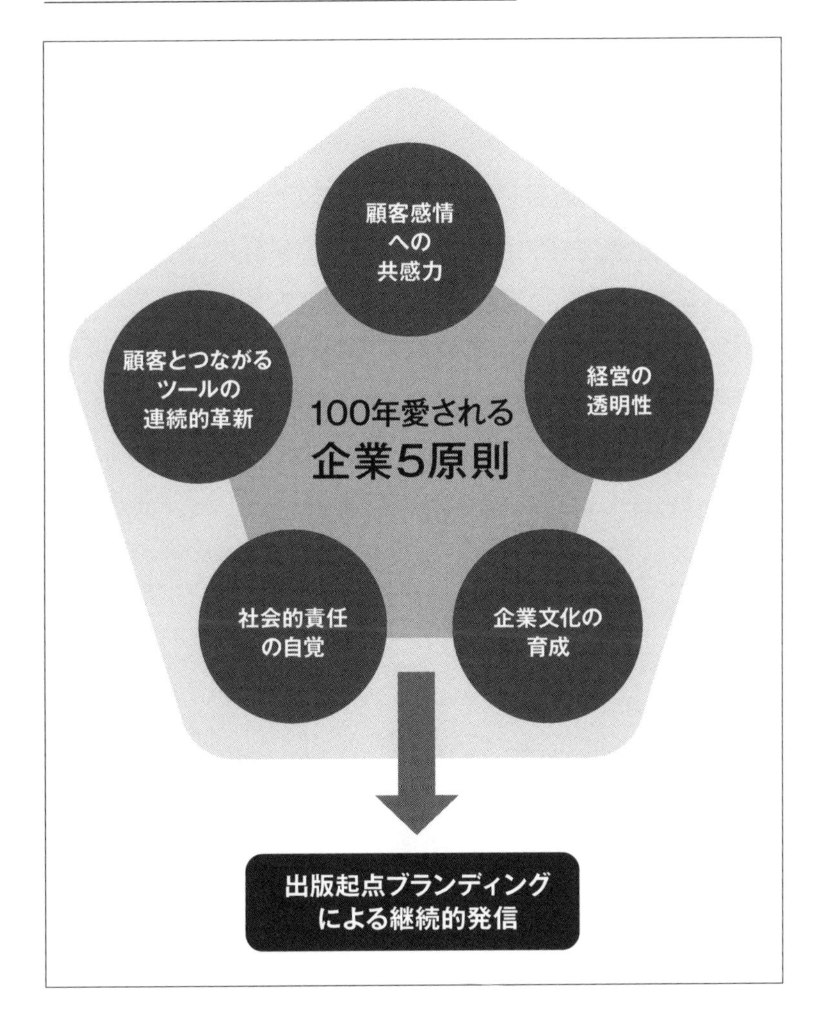

また、カルチャーが企業を成長させる鍵となり、組織を支え前進させる力となります。企業文化も大事なポイントです。仕事においても、強いチーム文化はプロジェクトを成功に導く鍵となります。

**こうした企業文化を生み出すために、書籍を軸に熱い想いを結集させ、社内外に発信、共有することで、本当の意味で愛されるブランドをつくることができるのです。**

**ここで再度、経営の透明性に触れましょう。**

これは、外部のステークホルダーだけでなく、社内の従業員に対しても重要です。透明性のあるコミュニケーションは、信頼の基盤となります。日常生活において、家族や友人との関係で信頼を築くためには、正直で開かれた対話が必要なことと同様に、書籍やオウンドメディアを通じて経営のメッセージを発信していくことが、企業の透明性と信頼の醸成にもつながります。

**このように、100年愛される企業になるための秘訣は、顧客の心に寄り添うこと、革新への取り組み、社会的責任、企業文化の育成、そして透明性の高い経営にあります。**

これらは、仕事や日常生活においても役立つ普遍的な原則です。本書が示すその原則を実践することで、あなたの会社は次の100年も愛され続けることになるでしょう。

## 社名を聞けば「会社理念」が浮かぶ企業を目指して

あなたはAppleやスターバックス、Googleといった社名を聞いて、どんなイメージが思い浮かびますか?

テクノロジー業界の巨人であるAppleの社名を聞くだけで、革新、洗練されたデザイン、そしてユーザー体験へのこだわりという理念が思い浮かぶかもしれません。彼らの製品は単なる電子機器ではなく、生活を豊かにするアートワークとして設計されています。

スターバックスは、単なるコーヒーショップ以上の存在として、コミュニティの一部となり、自宅や職場、学校でもない居心地の良い「サードプレイス」としての空間を提供するという理念を持っています。

Googleは、情報へのアクセスを民主化し、世界の情報を整理して万人がアクセスできるようにするというミッションを持っています。この理念は、彼らの革新的な検索エンジン、ユーザーフレンドリーなインターフェース、そして情報アクセスの拡大という形で具現化されています。

日本においても、たとえばトヨタ自動車の重視する品質・耐久性・信頼性という価値は、自動車製品に明確に反映されています。同社の、世界的にもよく知られる「カイゼン」(改善)の哲学は、継続的な改善と顧客満足へのこだわりを示しています。

**これらの企業は、商品やサービスを提供するだけではなく、顧客との深い絆を築き上げています。彼らのブランドは、その理念を具現化し、消費者に対して一貫したメッセージを伝えています。**だからこそ、社名だけで独自の理念や価値観を連想させることができるのです。

### 一貫性と真実性が大切な理由

社名だけでその企業の理念が思い浮かぶ会社は、その理念を実行に移し、社員から顧客に至るまですべての人に浸透させています。これは、単に外部向けのイメージづくりではなく、企業文化として具現化されているからなのです。

さらに重要なのは、これらの企業が私たちの生活や価値観、生活様式にも強烈なインパクトを与えている点です。彼らは、自社の理念を世の中全体に広め、時には社会にドラスティックな変化を巻き起こす力を持っています。

社名を聞いただけで理念が伝わってくる企業とは、その理念を製品やサービス、企業文化、そして社会的責任を通じて具現化している企業に他なりません。これらの企業は、単なる“商売”という枠を超えた存在として、私たちの生活に深く根ざし、私たちの価値観や生活様式に影響を与え続けています。

社名を聞けばそのブランドの価値が思い浮かぶ企業へ――。これこそが経営者やリーダーが目指すべき道の1つと言えるのです。

## 8-4 なぜ「人材募集」で書籍が活躍するのか？

消費体験はモノ消費からコト消費へと移り変わり、そして今ではイミ消費の時代になっています。

イミ消費とは、商品・サービスの購入基準として、「社会・文化的に価値のある内容かどうか」を判断軸にすることです。クラウドファンディングやふるさと納税、無農薬商品の購入などが代表的な例です。

つまり、ブランドが追い求める「パーパス」と、生活者の「価値観」「スタンス」が合致することで初めて消費活動につながっていきます。

**同じように、職業選択についてもお金を最優先するのではなく、働くことの意味や企業との文化的一致を大切にする人が増えています。**

人材確保についても、リクルート情報に記載される給与や休日、労働時間といった条件よりも、実際にその企業で働いている人たちの姿や想いを示したほうが企業への帰属意識が高まると言われています。

少し前に、「50日チャレンジ」がSNSなどで話題になりました。極めたいことをとにかく50日続けてみるというコンテンツです。自分で目標を決めてそこにアプローチしている様を、タイムラインなどでシェアしていく。そういう働き方が自分の隣にあるのに、それとは真逆のスタンスでお金のためだけに働くことには魅力を感じない人が増えています。

いま企業に問われているのは、お金ではなく、社員に「生きがい」をいかに提供できるかということです。

**仕事に生きがいを求める人材を獲得するには、背伸びしても無意味で、自社がいままでやってきたことをストレートに見せて文化的なマッチングを図る以外に方法はないのです。**

その第一歩として、企業のリーダーは、まずは自社の理念を示すための書籍を出したり、書籍のほかにもSNSからショート動画などを発信し、求める人材に日々語りかけるくらいの気概が必要だと思います。若い人たちはSNSでそうしたコンテンツを毎日目にしているのですから。

**いまの経営者には「語り」が足りないようにも思えます。社員やこれから仲間となるべき人たちには自社のことを絶え間なく伝えていくことが重要なのかもしれません。**

## 一般企業から著者企業、そしてメディア企業へ

企業の公式アカウントで話題になった会社があります。皆さんよくごぞんじの電気機器メーカー「シャープ(株)」です。

シャープの公式X(旧Twitter)は好感度が高いことで知られています。2011年に開設し、すでに企業アカウントとしては異例の83万人超(2024年12月現在)のフォロワーを抱えています。
「シャープさん」がつぶやいているという設定で発信し、友だちと喋っているような感覚のユルさが若い人にウケています。

これは"いかにも"という企業感 を消してソーシャルメディアで発信することで、生活者との距離をぐっと縮めたことが勝因になりました。また、回転寿司チェーン「くら寿司」は、公式YouTubeチャンネル「くら寿司178イナバニュース」で動画を配信。とくに、人気の商品をアレンジして楽しむショート動画コンテンツが人気になり、そこで紹介したアレンジがテレビの情報番組などのメディアでも取り上げられました。

ほかにも、中小の企業でもXやTikTokなどで社長の動画を配信して話題になっている会社がいろいろあります。

**情報発信力のある企業、"メディア企業"といえる面々です。**

ここでいうメディア企業とは、自社あるいは社長やキーマン自らがメディアとなって語ることのできる存在という意味です。

とはいえ、その企業のコアの部分から逸脱した文脈でメディア企業になっても、自社のブランディングにはなり得ません。

パーパスが存在し、それがしっかり伝わった上で、生活者が「なるほど!」と思うような膝ポンにつながるところでメディア企業にならなければ意味がありません。

たとえば、スポーツ用品メーカー大手の「NIKE」であれば、スポーツあるいは靴に関連する領域でメディア企業にならないといけません。"ホットドッグ屋さん"としてメディア企業になっても仕方がないわけです。

**会社の社長やキーマンが前面に立つ「著者企業」となり、さらにそこから「メディア企業」へと成長していく。消費される商品・サービスを提供する側から、それらのプロフェッショナルとなり、さらに伝道師になっていく。この道筋を目指してほしいと思います。**

ここで重要なのは「物語」であり、「意思表示」です。世の中に向けて、自社について信念を持って語ることのできる伝道師になること。それこそが最高のブランディングなのです。

## 8-6 自社のバリューを社会の課題解決につなげる

イソップ寓話の「3人のレンガ職人」をご存知でしょうか？

ある日、3人のレンガ職人が働いている現場に、一人の旅人が通りかかりました。旅人は出会った職人にこう尋ねました。

「あなたは何をしているのですか？」

一番目の職人は単調に答えました。

「見ての通り、レンガを積んでいるだけです」

この職人は自分の仕事に何の意義も見出していませんでした。

二番目の職人は少し誇りを持って答えました。

「私は壁を作っています。しっかりとした壁を作ることが私の仕事です」

彼は自分の技術に自信を持っていましたが、それ以上のことは考えていませんでした。

最後に、旅人は三番目の職人にも同じように話しかけました。

「あなたは何をしているのですか？」

この職人は目を輝かせ、情熱を込めて答えました。

「私は大聖堂を建てているのです。この仕事は、未来の多くの人々に喜びとインスピレーションを与えるためのものです」

**この物語は、同じ仕事をしていても、本人がそれをどのように捉えるかによって、その意義は大きく変わることを示しています。**

企業にとっても同じことが言えます。**企業は単に利益を追求するだけの存在ではなく、より大きい社会的な目的に貢献するという意識を持つことが重要です。**

最初の職人のように、自社の業務を単なる日常のルーチンと捉える企業は、社会的な価値や影響を見落としやすくなります。二番目の職人のように、製品やサービスの品質に焦点を当てることは重要ですが、それだけでは社会全体への貢献は限られてしまいます。

**しかし、三番目の職人のように、自社の業務がどのように社会全体へ価値をもたらすかを理解し、それを事業の核として取り入れる企業は、持続可能な成長を達成し、社会に深く根ざした影響を与えることができます。**

自社のバリューを明確に理解し、それを社会の課題解決につなげることに自覚的であること。それが、素晴らしい企業になれるかどうかの分かれ目です。企業が大きな目的に向けて自らの役割を認識し、積極的に社会に貢献する姿勢を持つことで、より良い世界の実現に貢献できるのです。

## 8-7 フィロソフィーが浸透し世界が動く

企業ブランディングもそうですが、新しい「何か」を生み出していくすべての大もとは「アイデア」です。最小単位の閃き、と言ってもいいでしょう。

そのアイデアを磨き上げたものが「企画」になります。

そこに共感した人たちがたくさん集まると、「商品・サービス」になり、「事業」となり、「企業」となり、「業界」「産業」をつくり、極端な話そのはるか先には「国」という集合体も生まれます。

アイデアは「フィロソフィー」という言葉にも置き換えられるとすると、思想はすべてのスタートと言えるのかもしれません。

人類史を描きながらビジネス書としても読まれ、世界的なベストセラーとなった『サピエンス全史』(ユヴァル・ノア・ハラリ著)にはこう書かれています。

**思想のあるところに組織、そして文化・文明ができていく。**

そのためには「思想を語る」ということが重要です。

それはビジネスにも通じます。

その企業の思想や哲学を語る。それがブランディングへとつながっていきます。

とはいえ、思想をきちんと語るのはとても難しいことでもあります。

ときには、想いを言語化して伝えたり、アイデアを形にする技術を持ったプロフェッショナルのサポートを得ることも必要でしょう。

それによって、企業組織の可能性は爆発的に広がります。大げさに聞こえるかもしれませんが、世界を席巻するような企業になることも夢ではありません。

『サピエンス全史』では「認知革命」についても語られています。

約7万年前から3万年前にかけて、ホモ・サピエンスは認知的な能力における革命的な変化を起こしました。

新しい言語技能を獲得してコミュニケーション能力が高まり、大量の情報伝達が可能になった。その結果、集団の団結力が強化され、ホモ・サピエンスの飛躍的な発展の原動力になったと著者のハラリは述べています。

チンパンジーの集団は多くても50の個体数であり、ネアンデルタール人は150個体が限界でした。ホモ・サピエンスは、その個体数をはるかに超えた大人数がネットワーク化して一つの目的に向かう"プロジェクトチーム"を結成する能力を獲得したことで、世界を制覇する存在となりました。

**そこに介在したのがまさに「言葉」です。**

**すべては「フィロソフィーを語ること」から始まりました。**

**広告やマーケティング、ブランディングの世界でよく言われるのは、**

**「言葉が生まれると市場が生まれる」ということです。**

身近な話でいうと、「推し活」という言葉が新たにできたことで、それまで一部の人たちが人知れずやっていた消費行動が一大マーケットを形成しました。

「婚活」や「イクメン」なども同じです。ある現象に名前が与えられることで、その現象はブームとなり、世の中に広まっていきます。

**言葉にできなかったことを言語化することによってイノベーションが生まれます。言葉は、未来を切り開く無限の力を秘めています。**

**ぜひ、自社の核となるメッセージを発信してください。**

**そこに共鳴した人々は、間違いなくあなたの会社の熱烈なファンになるはずです。**

書籍、WEBメディア連載、SNS、記事配信型オウンドメディア、講演、イベントという、たしかな手応えのあるメディアを起点に「想いを語る」――。

まずは、そこから"はじめの一歩"を踏み出してみませんか?

**本著をお読みの読者様限定で**
**以下の特典をプレゼントいたします。**

※特典の活用は任意です。必要な特典のみ活用ください。

**◆特典１：出版ブランディングの要点学習動画**

出版ブランディングの要点がわかる「著者によるレクチャー動画」をお送りします。

**◆特典２：出版企画書フォーム無料ダウンロード**

出版企画書作成時に、そのまま使用できるフォーマットを贈呈します。

**◆特典３：文章がスラスラ書ける!! WORD 形式で自由自在に書き換えられるＳ＋PREP シート**

**◆特典４：出版テーマ無料診断レポート活用権（面談なし）**

御社が出版可能なテーマについて個別無料診断いたします。
（約 20 日以内にお戻しします /1 回のみ / 法人様限定）

**◆特典５：無料オンラインコンサル活用権（面談あり）**

出版ブランディングに関してＺＯＯＭセッションにてアドバイスいたします。
（特典４との併用も可 /1 回のみ / 法人様限定）

**◆特典６：イベント・講座・ビジネスアライアンス情報提供**

https://publishing-branding.com/p/

＊特典プレゼントは予告なく終了となる場合がございます。あらかじめご了承ください。
図書館等の貸出、古書店での購入では特典プレゼントは出来ません。
＊本特典の提供は、Publishing Branding Inc. が実施します。
販売書店、取扱図書館、出版社とは関係ございません。
お問い合わせは https://publishing-branding.com/ からお願いいたします。

【編著者】

**潮凪洋介（しおなぎ・ようすけ）**

Publishing Branding Inc. 出版ブランディング・プロデューサー。㈱ハートランドCEO。累計176万部ミリオンセラー著者。ビジネス書・ライフスタイル書77冊を自筆。「もういい人になるのはやめなさい」（KADOKAWA）シリーズは21万部。年商2億円〜2兆円企業の広範囲にわたり、経営者・リーダーを著者とした書籍出版ブランディングを実施。サポート実績は200冊を超える。個人向けとして、著者養成学校 SHIONOGI DOUJO 〜 WRITAS ！〜を2009年に創設。2024年までに6900回の指導を行い、多くの書籍著者・文化人・ライター・コラムニスト・エッセイスト・WEBライターを世に送り出す。

【著者】

**前田陽一郎（まえだ・よういちろう）**

元・『LEON』編集長。現・Publishing Branding Inc. メディア・プロデューサー。クラシック＆ハイパフォーマンスカーマガジン『Octane日本版』クリエイティブディレクター、ウェブマガジン『OPENERS』編集長。10代の頃からファッション雑誌に関わり、㈱祥伝社にてストリート誌の草分け雑誌『Boon』で古着、スニーカー、G-SHOCKなど数々のブームを仕掛ける。『LEON（主婦と生活社）』ではラグジュアリーライフスタイル誌の分野を確立、スーツ・宝飾の分野にトレンドという新たな価値を定着させる。現在、大手企業のオウンドメディア設計・制作、ファッションブランドの戦略コンサルティング、地方自治体との活動など多岐に活動。

**高岡直人（たかおか・なおと）**

元・電通テック OMOソリューション事業部長。現・Publishing Branding Inc. ブランドプロデューサー。㈱ Growthing CEO。電通グループのプロモーション会社で29年間にわたり、大手企業の統合プロモーションのプランニングから実装まで数百件に及ぶ案件を経験。また、デジタルマーケティング部署の事業責任者として、3年間で売上を60億円から80億円まで売上拡大。また同時にデジタルマーケティング人材の教育プラットフォーム構築を手掛け、延べ1000名以上に教育を実施した経験を持つ。現在は、webデザイナー育成スクール「グロコミ」及びデジマPM人材育成事業の運営から企業の販促コンサルまで幅広く事業展開を行っている。

**長澤宏樹（ながさわ・ひろき）**

元・博報堂DYグループ。シニア・クリエイティブ・ディレクター。現・Publishing Branding Inc. ブランドクリエイター。 現・アロハ・ブランディング合同会社CEO兼クリエイティブ・ディレクター。ブランドのゼロイチ開発から、リブラディングまで 扱ってきたブランドの数は200を超える。広告受賞歴多数。他にも講師、会社営者、ユーチューバー クライアントワークとして、日本初「セ・パ交流戦」、日本郵政「ポケモンポスト」、NTTレゾナント「Gooブログ」、Suntory「Midorie」、ダイワハウス「TYR家Lab」、BungBungame「KALOS」、タカマツハウス「ミラクラス」等 著書「アイデアを形にする技術」総合法令出版、ウェブ番組「海遊びの達人」。通称：〝アロハなブランドクリエイター〟。

◆講演・ワークショップご依頼・その他お問合わせ

info@publishing-branding.com

https://publishing-branding.com/

パーパス戦略のための出版マーケティング パブリッシング ブランディング

2025年2月6日　初版発行

著　者　Publishing Branding Inc.
編著者　潮凪洋介
発行者　和田智明
発行所　株式会社 ぱる出版
〒160-0011　東京都新宿区若葉1-9-16
03(3353)2835－代表
03(3353)2826－FAX
印刷・製本　中央精版印刷(株)
本書籍に関するお問い合わせ、ご連絡は下記にて承ります。
https://www.pal-pub.jp/contact



ISBN978-4-8272-1485-7　C0034